한국태국 관계사

성균중국연구소 한국-아시아 문명교류사 15

한국-태국 관계사

1판1쇄 | 2015년 1월 20일

지은이 | 정환승, 빠릿 인센

펴낸이 | 박상훈
주간 | 정민용
편집장 | 안중철
편집 | 윤상훈, 이진실, 최미정, 장윤미(영업)

펴낸 곳 | 폴리테이아
등록 | 2002년 2월 19일 제300-2004-63호
주소 | 서울 마포구 독막로 23(합정동) 1층
전화 | 편집_02.739.9929 영업_02.722.9960 팩스_0505.333.9960

인쇄 | 천일_031.955.8083 제본 | 일진_031.908.1407

값 13,000원

ⓒ 정환승, 빠릿 인센, 2015
ISBN 978-89-92792-39-4 94300
　　　978-89-92792-35-6 세트

* 이 도서는 2010년도 정부재원(교육과학기술부 학술연구지원사업비)으로 한국학중앙연구원의 지원에 의하여 연구되었습니다.
　(AKS-2010-ACB-2101)

성균중국연구소 한국-아시아 문명교류사

15

한국-태국 관계사

정환승 · 빠릿 인센 지음

폴리테이아

| 차례 |

21세기 동반자 한국과 태국

한국은 동아시아에 위치한 나라로 고유한 언어와 1446년 세종대왕이 반포한 한글이라는 문자를 가지고 있다. 단일민족이라는 자부심이 강하고 반만년 긴 역사 속에서 동질감과 강한 유대감을 가지고 살아왔다. 이에 비해 태국은 동남아에 위치한 동남아국가연합(ASEAN)의 중심 국가로 태국어를 사용하며, 1283년에 쑤코타이 시대 람캄행 대왕이 고안한 타이 문자를 사용하고 있다. 태국은 한국과 달리 다종족, 다문화 국가이다. 6천만이 넘는 인구 중에서 타이족이 81.5%로 대부분을 차지하고, 중국계가 13.1%, 말레이계가 2.9%를 차지하고 있다. 이 밖에도 북부 지방 라오스와 미얀마 국경 지대 산악 지방에 거주하는 소수 종족들이 많다. 소수 종족들은 각기 자신의 고유한 언어와 문화를 가지고 있지만 다 같은 태국 사람으로 어우러져 살아가고 있다.

한국은 삼국시대를 거쳐 고려 시대에 이르면서 점차 민족의식이 싹

트기 시작했다. 조선시대 말 1910년에 일제 침략으로 35년간 식민지로 전락하게 되었다. 1945년 8월 15일 일제로부터 해방되고 나서 1948년 북한은 공산주의 정부, 남한은 자유민주주의 정부를 수립함에 따라 남북으로 분단되었다. 1950년 북한의 침략으로 민족상잔의 비극을 겪게 되고, 폐허가 된 나라를 경제개발 계획과 새마을운동을 통해 국가 개발에 성공하여 '한강의 기적'을 이룩하였다. 그러나 남북 간의 통일은 이루지 못하여 오늘날 지구상에 유일한 분단국가로 남아 있다. 태국은 13세기에 이르러 오늘날 태국이 가지고 있는 정체성을 확립하게 되었다. 그 이후 아유타야 시대와 톤부리 시대(สมัยกรุงธนบุรี)를 거쳐 현재 1782년에 현재의 랏따나꼬신(สมัยรัตนโกสินทร์) 시대로 들어섰다. 태국은 대외적으로 국왕이 원수이면서 실권은 총리에게 있는 입헌군주제를 채택하고 있는 나라이다. 태국인은 국왕과 불교를 중심으로 위기와 갈등을 이겨내면서 발전을 도모해 왔다. 태국은 인도차이나 반도 중앙에 위치해 있으면서 다른 이웃나라들과 달리 서구 열강의 식민지를 경험하지 않은 유일한 국가이다. 태국인은 이에 대해 높은 자부심과 긍지를 가지고 있다.

한국을 '고요한 아침의 나라'라고 한다. 은근과 끈기로 강대국 사이에서 고난과 극복의 역사를 살아왔다. 고려 시대에 불교를 숭상하고 조선시대에는 유교를 숭상하였으며, 근대에 들어와 불교와 기독교 등 다양한 종교를 믿으면서도 종교적 마찰이 거의 없이 살고 있다. 가정교육과 학교 교육은 유교적 사상을 토대로 이루어지고 있으며 비교적 건강하고 밝은 사회를 이룩하고 있다. 태국을 흔히 '미소의 나라'라고 한다. 항상 해맑게 웃는 모습이 평화스러워 보인다. 태국은 불교의 나라이다. 국민의 대다수가 불교를 믿고 전국 어디를 가나 절을 볼 수 있다. 불교에서는 전생에 지은 업보에 의해 현생의 운명이 결정된다고 한다. 이런 업보 사상은 태국인에게 낙천적 사고방식을 갖게 했다. 그래서인지 태국인은 늘 웃는 얼굴로 살아가고 있다.

한국과 태국의 첫 만남은 아주 오래전에 이루어졌다. 그러나 실질적 교류는 대한민국이 수립되고 한국전쟁을 겪으면서 시작되었다. 1950년 한국전쟁이 일어나자 태국은 즉각 육해공군을 파병하여 한국을 도왔다. 한반도가 적화되면 공산주의 세력이 남하하여 도미노 현상에 의해 태국의 안보도 위협받을 수 있는 상황이었다. 두 나라는 운명 공동체였던 셈이다. 당시 한국전에 참전했던 벤짜민은 〈아리당〉이라는 노래를 만들었다. 이 노래는 1960~1970년대 태국에 크게 유행했는데 이를 통해 태국 사람들이 한국을 감성적으로 인지하기 시작했다. 한국전에 참전한 태국 군인과 한국 처녀와의 사랑을 그린 영화 〈아리당〉의 주제곡으로 사용되었다. 태국의 한국전 참전과 영화 〈아리당〉은 실질적인 한태 관계의 시발점이 되었다.

한국전쟁이 끝나고 채 반세기가 지나지 않아 상황이 많이 바뀌었다. 한국은 군부독재하에서도 경제 발전을 이루었으며 이후 민주화를 일구어 내서 두 마리의 토끼를 잡았다. 태국은 군부독재와 잦은 쿠데타를 겪으면서 나름대로 발전을 추구했지만 한국만큼 역동적인 성과를 내지는 못했다. 2000년대 들어 나타나기 시작한 문화 현상 중의 하나는 한국의 대중문화가 태국에 상륙한 것이다. 이른바 '한류'라고 부르는 한국 대중문화의 확산은 놀라우리만큼 빠르고 거세게 태국 사회를 휩쓸고 있다. 한국 영화와 음악·드라마·음식 등은 태국인에게 더 이상 낯선 남의 나라 문화가 아니다. 그리고 그만큼은 아닐지라도 한국 사회에서 태국 문화도 상당 부분 유입되어 있다. 연간 1백만 명 안팎의 한국인이 태국에 다녀오고, 40만 명 안팎의 태국인이 한국에 다녀간다. 두 나라는 과거 정치 군사적 동지 관계에서 서로 정감을 나누고 문화를 교류하는 '이웃사촌'의 관계로 발전했다.

　본 연구에서는 한국과 태국 간의 관계가 어떻게 시작되고 진행되어 왔는지, 그리고 그 과정에서 어떤 문명 교류와 상호작용이 일어났는지를 분석하고 기술하였다. 또한 이를 토대로 앞으로 두 나라의 문화 교류 양상을 예측하고 바람직한 발전 방향을 제시하였다. 이러한 노력이 유교와 불교적 속성을 서양 문화에 접목하여 21세기 아시아의 문화 강국으로 등장한 한국과, 낙천적 사고방식과 독특한 불교문화 속에서 수천 년 살아온 태국이 상호 문명 교류를 통해 공동 발전을 도모하는 데 이바지할 수 있기를 기대한다.

제1장

태국의 이해

1. 국가 개요

1) 국명

태국의 국명은 태국어로는 쁘라텟타이(ประเทศไทย)이며 영어로는 Kingdom of Thailand로 표기한다. 본래는 싸얌으로 사용하던 것을 1939년 민족주의를 표방하면서 국호를 쁘라텟타이로 바꾸었다. 국기는 뜨라이롱(ไตรรงค์)이라고 부르는데 청색·백색·적색으로 이루어져 있다. 청색은 국왕을 의미하고 백색은 종교를 의미하며 적색은 국민들의 혈을 의미한다. 우리나라 삼국사기에 태국은 섬라곡으로 표기되어 있다. 현재는 타이를 음역하여 태국(泰國)으로 적는다.

2) 위치

태국은 동남아 인도차이나 반도 중앙부에 위치하고 있으며 면적은 51만3천 평방킬로미터로 한반도의 두 배가 넘는다. 위도상으로는 북위 5° 37에서 20° 27에 걸쳐 있으며, 경도상으로는 동경 97° 22에서 105° 37상에 위치해 있어 우리나라보다 2시간 느리다. 태국 남북의 길이가 1,645킬로미터에 달하고 동서의 폭은 가장 넓은 곳은 785킬로미터이며 가장 좁은 곳은 12킬로미터이다. 동쪽으로는 캄보디아와 접하고 있으며 동북부 쪽으로는 라오스와 접하고 있다. 서쪽으로는 미얀마와 국경을 접하고 있으며 남쪽으로는 말레이시아와 국경을 접하고 있다.

3) 인종과 종교

인구는 2010년 기준 약 6,388만 명이며, 이 가운데 10퍼센트가 넘는 1,033만 명의 인구가 방콕을 중심으로 하는 수도권에 모여 살고 있다. 태국은 타이족 81.5%, 중국계 13.1%, 말레이족 2.9% 등으로 구성되어 있으며 소수 종족으로 인도인·베트남인·크메르인·미얀마인·고산족이 있다. 고산족은 북부 지방에 분포되어 있으며 아카족·무써족·까리양족·리써족·야오족·매우족 등 10여 종족이 있다. 또한 불교 국가로 국민의 93.5%가 불교도이며 5.54 %가 이슬람교도, 1.61%가 기독교도이다.

4) 기후

기후는 고온 다습한 열대성 기후로 연평균 기온이 28도 연평균 강

우량이 1천6백 밀리미터에 이른다. 크게는 건기와 우기로 나뉘는데 건기는 다시 여름과 겨울로 나뉜다. 여름은 2월 중순에 시작해 5월 중순에 끝난다. 이 기간은 겨울에서 우기로 접어들기 전까지의 시기로 태국 전역이 건조하고 무덥다. 우기는 5월 중순부터 10월 중순까지로 남서쪽에서 발달한 몬순 계절풍의 영향으로 비가 많이 내린다. 특히 8~9월에 비가 많이 내리는데 남부 지방은 거의 일 년 내내 비가 내린다. 겨울은 10월 중순부터 2월 중순까지로 중국 대륙과 시베리아에서 불어오는 계절풍의 영향으로 비교적 시원하고 건조한 날씨가 계속된다.

5) 언어

언어는 시노티베트Sino-Tibetan 어족에 속하는 타이어를 공용어로 사용하고 있으며 1283년 쑤코타이(สุโขทัย) 시대 3대왕인 람캄행 대왕에 의해 고안된 타이 문자를 사용하고 있다. 총 44자의 자음과 32자의 기본 모음 그리고 5개의 성조를 가지고 있다. 외국인이 배우기에 다소 까다로운 표기 체계와 성조 체계를 지니고 있다.

6) 국왕의 지위

태국은 전통적으로 절대군주제였다. 쑤코타이 시대(1238~1438) 람캄행 대왕의 비문에 보면 왕을 가리키는 말로 퍼쿤(พอขุน)이라는 말이 등장한다. 이를 통해 당시 국왕은 아버지가 자식을 다스리듯이 백성을 통치했던 온정주의적 국왕이었음을 알 수 있다. 쑤코타이 시대부터 태국의 국왕은 탐마라차(ธรรมราชา)라고 불리는 법왕의 성격을 가지고 있었다. 탐마라차 즉, 법왕은 불교로부터 유래하는 이상적인 국왕으로 보시, 지계, 희생, 공정, 온화, 노력, 불로, 불해, 인내, 불역 등의 시법을 준수해야 국왕으로서의 덕목을 갖춘 것으로 여겼다. 오늘날 국왕도 일정 기간 머리를 깎고 수도 생활을 하는 것은 쑤코타이 시대부터 이어져 내려온 것으로 국왕이 시법을 준수하는 일면을 보이는 것이다.

아유타야 시대(สมัยอยุธยา, 1350~1767)에 이르러 크메르의 영향을 받아 테와라차(เทวราชา)라 불리는 신권주의가 생겨났다. 왕은 신의 세속적 화신이며 인간 세상에 내려와 통치를 하는 것이라는 개념으로 왕을 신격화시키기에 이르렀다. 태국어에서 왕이 죽는 것을 의미하는 싸완콧(สวรรคต)이라는 말은 하늘로 되돌아간다는 뜻이다. 그러나 아유타야 시대의 왕은 테와라차에 탐마라차적 요소가 병행되었다. 이 시대에 가뭄이나 기근, 흉작이 발생하면 국왕의 탐마통치가 미숙한 것으로 간주되었다.

랏따나꼬신 시대에 들어 테와라차는 쇠퇴하고 탐마라차적 요소가 많이 부활되었다. 1946년 19세의 나이로 즉위한 왕인 라마 9세(푸미폰 아둔야뎃, ภูมิพลอดุลยเดช)는 탐마라차로서의 덕목을 꾸준히 실천하여 1986년에는 대왕(มหาราช)의 칭호를 받았다. 푸미폰 국왕은 1956년 단기 출가하여 탁발과 수도 생활을 함으로써 탐마라차의 면모를 보이고, 태국의 56개 주 4천여 개 마을에서 1천3백여 개의 개발계획을 추진하면서 지방을 순시하고 국민들과 접촉을 가졌다. 국왕의 행보는 1979년부터 텔레비전 저녁 뉴스 시간에 왕실 동정 보도를 통해 하루도 빠짐없이 국민에게 영상으로 전달되었다. 태국은 1980년대 중반 도시인 열 명 가운데 아홉 명은 텔레비전을 소유하고 있었다. 이러한 과정을 통해 푸미폰 국왕은 태국인들에게 정신적 지주이면서 절대적인 존경

14

을 받아 어버이와 같은 존재로 인식되고 있다.

1932년 입헌 혁명이 일어나자 국왕의 권력과 역할은 대폭 축소되었다. 그러나 푸미폰 국왕은 국민들의 존경과 사랑을 기반으로 태국 정치에 막강한 영향력을 행사하고 있다. 푸미폰 국왕 재위 시절에 태국에서는 총 18번의 쿠데타가 발생하였다. 그러나 그때마다 국왕이 중심추 역할을 수행하여 때로는 쿠데타를 승인하고 때로는 거부하면서 오늘날까지 태국 정국을 안정적으로 이끌어 왔다. 그러나 최근 들어 고령과 지병으로 장기간 투병 생활을 하면서 대국민 접촉이 어려워지고, 양극화 문제로 태국 사회에 갈등이 고조되면서 국왕의 역할이 눈에 띄게 줄어들고 있다.

7) 불교

현재의 태국 지역에 불교가 전래된 것은 불기 3세기 말경으로 당시에 타이 만을 중심으로 하여 말레이 반도와 인도차이나 반도 그리고 자바와 수마트라 등지에 왕래하던 브라만들에 의해 전파되었다. 이들로부터 불교를 전수받은 사람들이 인도에 유학하여 불도를 닦은 후 다시 돌아와 소승불교를 전파하면서 새로운 승려 집단을 형성하였다. 람캄행 대왕은 나컨씨탐마랏(นครศรีธรรมราช)에 있던 스리랑카에서 유학한 승려를 모셔 와 쑤코타이 왕국의 승왕으로 추대함으로써 왕실과 평민 모두가 소승불교를 신봉하게 되었다. 그 후 리타이 왕(พระยาลิไท) 시대를 거치면서 태국은 불교를 더욱 발전시키는 한편, 불교 사상을 기초로 국가의 통치 기반을 마련하고 자연스럽게 사회질서를 확립하게 되었다. 이때부터 불교는 태국 사회에 수천 년에 걸쳐 영향을 끼쳐 왔으며 오늘날까지 광범위한 불교문화를 이룩하였다.

　태국의 불교 사원은 스님들이 수행하는 곳인 동시에 전통적인 교육 기관이었다. 태국 사람들은 출가하면 불경이 기록된 언어인 팔리어를 배우고 그것을 통해 부처님의 가르침을 익혔다. 그러다 보니 학문에 가장 능통한 사람이 스님이었다. 스님들은 여가 시간에 의학 서적을 읽어 두었다가 마을 사람이 병에 걸리면 치료해 주었다. 사원이 대체 의료 기관 역할도 했던 것이다. 또한 마을 공동체에서 무슨 일이 생기면 절에 모여 의논하고 스님들에게 자문을 구했다. 집안 형편이 어려운 아이들은 절에 살면서 부처님의 가르침을 배웠다. 이러한 까닭에 태국의 스님들은 사회적으로 존경의 대상이자 영적 생활의 지도자였고 그 지위가 매우 높았다. 이러한 전통은 오늘날까지 그대로 이어져 내려오고 있다. 태국 사람들은 아침밥을 먹기 전에 먼저 스님에게 공양하고, 설날이나 생일·결혼식·장례식 등에 스님을 초청하여 불교 의식을 거행한다. 그래서 어떤 사람들은 태국 사람에게 불교는 종교라기보다 생활에 가깝다고 말한다.

　태국 사람들은 선행과 공덕을 쌓으면 내세에 더 좋은 삶을 살 수 있다고 생각한다. 공덕을 쌓는 방법 중 하나는 착하게 살아가는 것이다. 그래서 옳고 그름을 판단할 줄 아는 사람이 되기 위해서 대부분의 남자는 만 20세가 되면 머리를 깎고 출가하여 3년간 수도 생활을 하는 불교적 풍습이 생겨났다. 이 풍습은 성인이 되기 위한 방법일 뿐만 아니라 결혼하기 전에 반드시 거쳐야 하는 통과의례이기도 했다. 평소에 많은 은혜를 베풀어준 사람이 죽었을 때도 보은의 뜻으로 출가하여 수도 생활을 했다. 이렇게 하면 고인에게 공덕이 돌아간다고 믿는다. 또한 간절한 소망이 이루어졌을 때도 수도 생활을 했다. 심지어 국왕도 머리를 깎고 절에 들어가 수도 생활을 했다. 지금은 옛날처럼 오랫동안 수도 생활을 하지는 않는다. 그러나 비록 짧은 기간이라 하더라도 옳고 그름을 판단하는 분별력을 기르는 한편 부모님께 효도하고 은인에게 보은하기 위해 수도 생활을 한다.

오늘날 불교는 태국 사회에 절대적인 영향을 미치고 있는 종교이다. 전국적으로 3만5천여 개의 사원이 있으며, 지금도 대체적으로 불교적 전통을 지키고 있다. 태국 불교는 우리나라 불교와 다른 점이 많다. 우선 태국의 스님들은 육식을 할 수 있다. 태국의 스님들이 입는 승복도 회색이 아닌 황색 천으로 만들어진다. 그리고 식사도 하루에 아침과 점심 두 번만 한다. 정오 이후에는 마시는 것 외에는 아무것도 먹지 못한다. 또한 스님들이 일반인으로 돌아가는 '환속'이 비교적 자유롭다.

2. 역사

1) 타이족의 이동

타이족은 본래 중국 남쪽의 황허와 양쯔 강 유역에 살고 있었던 것으로 전해진다. 이때 북부 지방의 만리장성 부근 황허 상류 지역에 살던 타이족을 룽(ลุง)이라고 불렀으며 남쪽의 쓰촨 성 부근에 살던 타이족을 빠(ปา)라고 불렀다. 5천 년 전 중국인들이 동쪽으로 이동함에 따라 타이족을 침략하게 되고 타이족들은 다시 남쪽으로 내려오게 되었다. 타이족들은 윈난 성(雲南省), 구이저우(貴州) 성, 광시(廣西) 성, 광둥(廣東) 성 등에 흩어져 여러 독립국가를 건설하였는데 이들을 아이라우

(อ้ายลาว)라고 불렀다. 이러한 타이족의 남하는 일시에 이루어진 것이 아니었다. 여러 집단으로 나뉘어 조금씩 그리고 서서히 이루어졌다. 타이족이 오늘날 인도차이나 반도까지 이동하는 데 두 가지 경로가 있었다. 첫째 경로는 남서쪽으로 이동한 타이인들이 오늘날 미얀마에 위치해 있는 쌀라윈 강(แม่น้ำสาละวิน) 유역으로 들어왔는데 이들을 타이야이(ไทยใหญ่) 또는 랏찬(รัฐฉาน)이라고 불렀다. 또한 북서쪽으로 이동해 현재의 앗쌈 지역으로 들어간 타이족이 있었는데 이들을 타이아홈(ไทยอาหม)이라 불렀다. 둘째 경로는 남쪽으로 이동해 현재 베트남과 라오스 북부 지방의 콩강(แม่น้ำโขง) 유역으로 들어왔는데 이들을 타이너이(ไทยน้อย)라고 불렀다. 이들이 후에 태국 북부의 란나국(ลานนา)으로 들어 왔으며 그 세력을 점차 넓혀 짜오프라야 강 유역과 그 아래 지방은 물론 말레이 반도에까지 이르는 광활한 영토를 갖게 되었다. 이들 타이너이족이 바로 오늘날 태국인의 조상이다.

2) 쑤코타이 시대

태국의 역사는 쑤코타이 왕국 개국을 시발점으로 보는 경향이 강하다. 기록 문화가 발달하지 않았던 태국에서 람캄행 대왕이 타이 문자를 만들어 내기 이전에 문자로 기록된 사료를 찾아보기 어렵기 때문이다. 또한 한편으로 역사는 연속적으로 기록되어야 하는 속성을 가지고 있는데, 쑤코타이 시대 이전의 역사는 사료 부족으로 연속적인 서술이 어렵지만 비해 쑤코타이 시대부터 현대까지는 사료가 충분하여 역사 서술이 용이하다는 것이다.

쑤코타이 왕국은 1238년 개국되었다. 쑤코타이는 3대 람캄행 대왕

(1279~1298 재위) 시절에 이르러 영토를 광범위하게 확장하고 상좌부불교를 받아들였다. 또한 1283년에는 타이 문자를 만들었다. 그러나 쑤코타이 왕국은 오래 지속되지 못하고 람캄행 대왕이 승하하고 나서는 국력이 급속히 쇠하였다. 쑤코타이 시대 왕은 온정주의적 국왕으로 마치 아버지가 자녀를 다스리듯 국가를 통치하였고 군주와 백성은 마치 부자처럼 친밀한 관계였다. 그러나 리타이 왕(พระยาลิไท, 1347~1368/1374) 시대에 이르러 불교의 영향을 받아 법왕(ธรรมราชา : 탐마라차)의 형태로 변화되었다.

3) 아유타야 시대

아유타야는 1350년에 우텅(พระเจ้าอู่ทอง) 왕에 의해 세워졌다. 초기에는 인도차이나 반도에 살고 있는 여러 타이족의 중심 역할을 하지 못했지만 빠르게 주변의 종족을 복속시켜 동남아 지역의 강국으로 성장하였다. 아유타야는 지속적으로 쑤코타이를 공략하여 합병하고 뜨라이록까낫 왕(สมเด็จพระบรมไตรโลกนาถ, 1448~1488)은 통치 개혁을 통해 중앙집권 체제로 만들고 1511년에는 포르투갈이 말라카를 정복하자 아유타야는 서양과 접촉하게 되었다. 이로써 16세기에 포르투갈 인들이 아유타야에 들어오면서 아유타야는 독일, 프랑스, 중국 그리고 일본 등 여러 나라와 교류하게 되었다.

16세기 중반에 버마의 떵유(Toungoo) 왕조가 강성해지면서 아유타야를 위협하기 시작했다. 아유타야는 1548년부터 시작된 긴 전쟁 끝에 버마의 조공국으로 전락하게 되었다. 그 후 15년이 지나서야 나레쑤안 대왕이 독립을 선언하였다. 아유타야는 날로 강성하여 광대한 영토를 갖기에 이르렀다. 북쪽으로는 란나 왕국을 병합하고 남쪽으로는 세력이 말레이 반도에까지 이르렀다. 서양 여러 나라와의 접촉도 활발하여 나라이 왕 시절에 아유타야는 매우 번영한 나라가 되었다. 그러나 18세기경에 이르러 아유타야는 쇠퇴하기 시작했다. 1765년 시작된 버마와의 전쟁에서 패하면서 417년간 지속되어 왔던 아유타야는 1767년 완전히 멸망하고 말았다.

4) 톤부리 시대

아유타야가 멸망하자 도시는 약탈과 파괴로 완전 폐허가 되었다. 아유타야 영토는 버마가 차지하거나 지방 군웅들이 할거하여 혼란을 겪고 있었다. 이때 지방 장관으로 있던 딱신 장군(พระเจ้าตากสินมหาราช)이 톤부리를 근거지로 버마에 대항하여 싸웠다. 1768년 딱신은 아유타야 영토를 회복하였다. 이후 딱신은 팽창정책으로 영토를 넓히고 톤부리 왕조의 기반을 닦는 데 일정 부분 성공을 거두기는 했으나 말년에 이르러 광적인 종교인 행태를 보이면서 왕권의 쇠락을 가져오고 끝내 반란으로 왕위를 박탈당하고 일정 기간 승려의 신분으로 있다가 후에 처형되었다.

5) 랏따나꼬신 시대

딱신이 처형되고 나서 왕위는 부하 장수였던 짝끄리(จักรี)에게로 넘어갔다. 짝끄리는 프라풋타엿화쭐라록(พระบาทสมเด็จพระพุทธยอดฟ้าจุฬาโลกมหาราช, 라마 1세)이 되어 짝끄리 왕조를 개국하고 수도를 방콕으로 옮겼다. 이로써 랏따나꼬신 시대가 시작되었다. 1790년에 이르러 버마군은 랏따나꼬신 왕국에서 완전히 쫓겨나게 되었다. 그러나 랏따나꼬신 초기에는 버마, 라오스, 베트남과 같은 이웃나라들의 침략을 받아야 했다. 이때까지도 랏따나꼬신 왕국은 서양과의 교역이 없었다. 그러나 후에 서양인들이 들어와 중국인들이 많은 특권을 누리고 있는 것을 보고 자신들도 특권을 얻기 위해 여러 통상조약을 체결하기 시작하였다. 영국은 1826년에 버니 통상 조약을 체결하고 미국은 1833년 로버트 우호 통상조약 등을 체결하였으나 만족할 만큼의 성과를 거두지는 못했다.

버마가 영국의 식민지가 되자 랏따나꼬신 왕조는 유럽 강대국의 식민지 위협을 느끼게 되고 이들 나라와 관계 개선에 나섰다. 유럽의 여러 나라들과 우호 통상조약을 체결하고 근대화를 추진해 나갔다. 태국은 영국과 프랑스의 완충지대 역할을 하게 되었는데, 프랑스와 영국에게 영토의 일부를 양도함에 따라 여러 차례 국경이 바뀌기는 했지만 동남아시아 여러 나라 가운데 유일하게 식민지로 전락되지 않고 독립을 유지할 수 있었다.

6) 입헌 혁명

태국의 통치 제도는 1932년 입헌 혁명이 일어나고 나서 절대군주제에서 입헌군주제로 바뀌었다. 이로써 절대 권력을 누렸던 국왕의 역할은 축소되고 헌법이 제정되어 민주주의 시대로 들어섰다. 그러나 입헌 혁명 이후에 절대 군주제하에서의 지도층과 새로운 제도하의 지도층 간 대립과 갈등이 생겨났다. 정치적·사상적 갈등과 세력 다툼은 25년 넘게 지속되었다. 이로 인하여 혁명 세력은 쇠퇴하고 태국은 섣부른 민주주의 실현에 실패하여 군부독재를 불러왔다는 비판을 받게 되었다.

7) 제2차 세계대전

제2차 세계대전 중에 잃어버린 영토를 되찾아 오라는 대학생들의 시위가 있었다. 당시 총리였던 피분송크람(จอมพล ป.พิบูล สงคราม) 은 군대를 파견하여 꺼창(เกาะช้าง) 전투를 수행하게 하고 일본의 조정을 거쳐 4개 주를 돌려받았다. 그 후 일본이 진주만 폭격 이후 태국으로 진입하고 병력 이동을 위한 통행로를 요구하자 피분송크람은 일본과 공수동맹을 체결하고 미국과 영국에게 선전포고를 하였다. 이러한 피분쏭크람의 외교정책은 태국의 경제적 침체를 가져오고 대내외적으로 많은 저항을 불러왔다. 1945년 전쟁이 종식되자 태국은 패전국의 지위에 있어야 했으나 자유타이(เสรีไทย) 운동의 공로에 힘입어 패전국 대우를 면하고 손해배상을 하는 데 그쳤다. 1942년에는 태국은 주권과 독립을 인정받는 조건으로 일본과 공수동맹을 체결하고, 영국과 미국에 선전포고를 하였다. 그러나 당시의 쎄니 쁘라못(เสนีย์ ปราโมทย์) 주미 태국 대사는 미국에 대한 태국의 선전 포고문 전달을 거부하고 항일 '자유태국운동(쎄리타이)'을 결성하였다. 이후 전황이 일본에게 불리해지면서 미국 내 태국인들이 피분 쏭크람 총리의 암묵적인 양해하에 '자유 태국 임시정부'를 수립하고 태국 내에서 반일 활동을 전개하였다. 이 쎄리타이 운동으로 인해 태국은 종전 후 패전국 위치에서 벗어날 수 있었다.

8) 냉전 시대

냉전 시대에 접어들자 태국은 미국과의 유대를 강화하고 인도차이나 반도의 공산화를 저지하는 데 기여했다. 우방국과 연대하여 한국전과 베트남전에 파병을 하기도 했다. 태국도 1960~70년대에 국내 공산주의자 세력과의 갈등이 있었으나 심각한 상황에 이르기 전에 모두 해결되었다.

9) 10월 민주화 사태

모든 여건과 상황이 좋아지면서 태국 국민들의 주권 의식도 고양되었다. 군부가 이따금 권력을 탐하기는 했지만 1973년 10월 14일 군부독재에 항거하는 민주화 사태 이후 군부는 더 이상 권력을 독점하지 못하게 되었다. 그래서 권력은 정치 군인과 영향력 있는 자본가 등을 통제할 수 있는 정치가들에게 돌아갔다. 냉전 시대가 막을 내리고 정치보다는 경제와 국제 통상을 통한 경쟁이 날로 심각해지자 새로운 시대 자본주의자들의 역할이 커졌다.

3. 최근 정세

지난 2011년 7월 3일에 치러진 태국 총선에서 프아타이당(พรรคเพื่อไทย, Puea Thai Party, PTP)이 승리하면서 잉락 친나왓(ยิ่งลักษณ์ ชินวัตร)이 태국의 첫 여성 총리로 등장했다. 얼마 전까지만 해도 성공한 여성 기업가에 불과했던 잉락 친나왓은 탁신 친나왓(ทักษิณ ชินวัตร) 전 태국 총리의 여동생이다. 탁신 가의 10남매 중 막내로 태어나 태국의 북부 치앙마이 대학교에서 정치학을 공부했고 미국에 유학하여 켄터키 주립 대학에서 정치학 석사를 받았다. 태국에 돌아와 경영 수업을 받았으며 '타이콤재단'(มูลนิธิไทยคม)의 위원, '에스시 애셋'(SC Asset) 임원을 거쳐 2002년부터 '어드밴스드 정보 서비스'(Advanced Info Service, AIS) 사의 사장을 맡고 있었다. 탁신 가의 회사인 '엠 링크 아시아 회사 PCL'(M Link Asia Corp. PCL)의 관리 이사인 아누선 아먼찻(อนุสรณ์ อมรฉัตร)과 결혼하여 슬하에 9살 난 아들을 두고 있다.

정치 경력이나 공직 경험이 전무한 그녀가 일약 태국의 총리 자리에 오르게 된 것은 오빠 탁신 친나왓의 후광 덕분이다. 잉락은 선거를 두 달도 채 남겨 놓지 않았던 지난 시점에서 갑자기 프아타이당의 총리 후보로 지명되었다. 친탁신 정당인 프아타이당은 그녀를 아이콘으로 삼아 "탁신은 생각하고 프아타이는 실천한다"라는 선거 구호를 내걸고 6주간의 선거운동 끝에 5백 석 중에서 263석을 석권하였다. 160석에 그친 당시 여당에 대해 압승을 거둔 것이다.

그녀의 오빠인 탁신 친나왓은 총리 시절 태국의 북부와 북동부의 가난한 농민과 서민들에게 획기적인 친서민 정책을 폄으로써 이들 소외 계층의 마음을 사로잡았다. 그러나 2006년부터 드러나기 시작한 탁신과 그 일가의 탈세와 부정 축재로 인해 반정부 시위가 격화되면서 방콕의 엘리트 중산층을 중심으로 반탁신 세력이 형성되었다. 탁신이 궁지에 몰리자 이번에는 그를 지지하는 친탁신 세력이 조직되어 거리로 나왔다. 이때부터 시작된 태국 사회의 정치적·사회적·계층적 갈등은 조금도 해소될 기미를 보이지 않고 있으며 그 중심에 항상 탁신이 있었다.

1) 탁신 시대의 개막

탁신은 고조부 시절에 중국 광둥 성에서 이주하여 태국 북부의 치앙마이에 정착한 중국계 태국인이다. 경찰사관학교를 졸업하고 미국으로 유학하여 1975년에 이스턴 켄터키 대학에서 형법을 전공하여 석사 학위를 받고 1978년에 텍사스 주의 샘휴스턴 주립 대학에서 같은 전공으로 박사 학위를 받았다. 1987년 경찰을 그만두고 사업을 시작한 그는 컴퓨터와 통신사업으로 성공한 기업가가 되었다. 그 후 탁신은 1994년 팔랑탐당(พรรคพลังธรรม)을 이끌고 있었던 짬렁 씨므앙(จำลอง ศรีเมือง)을 통해 정계에 입문하게 된다. 몇 번의 내각에 참여했던 탁신은 1998년 타이락타이당(พรรคไทยรักไทย, Thai Rak Thai Party, TRT)을 창당하고 2001년 총선에 돌입하면서 30바트(1,140원)만 내면 모든 질병을 치료할 수 있는 의료 혜택과 농가 부채 3년 유예, 그리고 모든 농촌 마을에 1백만 바트(3천8백만 원)씩 발전 기금 지원 등의 파격적인 공약을 내걸었다. 이런 공약은 매우 획기적인 것이었다. 태국에서도 상대적으로 낙후된 북부와 북동부의 농민들을 중심으로 한 소외 계층들은 탁신의 친서민 정책에 환호했다. 타이락타이당은 248석을 확보하여 압승을 거두고 탁신은 총리로 취임하게 되었다.

태국은 빈익빈 부익부가 심한 사회임에도 불구하고 계층 간의 갈등이 비교적 적은 편이었다. 93.5퍼센트의 국민이 불교 신자인 태국에서 대다수 국민들은 자신의 운명은 전생의 업보에 의해 이미 결정된 것이라는 인과응보의 사고방식을 바탕으로 낙천적이고 수동적인 삶의 자세를 견지해 왔다. 그러나 탁신의 등장으로 농민들과 도시 근로자들의 의식이 달라지기 시작했다. 가난하고 체념적인 삶을 살아 왔던 농촌과 도시의 가난한 사람들에게 탁신 내각이 시행한 친서민 정책들은 새로운 꿈과 희망을 안겨 주었다. 저금리 농업 융자, 마을 발전 기금, 그리고 지역 특성에 따른 중소 사업 추진 등은 농민들에게 삶의 의욕을 고취시켰다. 실제로 2003~2004년 기간 동안 농촌의 소득은 연 20퍼센트씩이나 증가하였다. 의료 혜택으로 병원의 문턱이 낮아져 몸이 아파도 가기 힘들었던 사람들이 큰 부담 없이 치료를 받을 수 있게 되었다. 또한 대학 학자금 융자의 확대로 자녀들에게 대학 교육을 시키기 수월해졌다. 새로운 소득 사업과 의료 서비스 확대, 그리고 교육을 통해 신분 상승의 희망을 가지게 된 것은 그동안 소외되어 살아온 그들에게는 분명 새로운 삶의 체험이었다. 또한 민주주의라는 정치제도를 통해 지도자를 선택한다는 것이 자신들의 삶의 질을 변화시킬 수 있다는 정치의식을 깨우쳐 주고 몇 번의 정치 참여를 통해 새로운 정치적 성향을 갖게 해주었다.

탁신은 2005년 총선에서 더한층 치밀해진 친서민 정책을 공약으로 제시하였다. 탁신은 민주주의라는 정치제도에 있어서 효과적으로 정권을 창출할 수 있는 방법을 알고 있었다. 권력은 국민들의 투표로 이루어지는 선거를 통해 특정한 위정자에게 위임된다. 태국의 유권자는 소수의 중산층과 다수의 서민층으로 구성되어 있다. 따라서 선거에 이기기 위해서는 서민들의 마음을 사로잡는 것이 중요하다. 탁신은 친서민 정책이야말로 선거에서 이길 수 있는 비결임을 일찍이 터득하고 있었다. 탁신의 전략은 그대로 맞아 떨어졌다. 2005년 2월 총선에서 타이락타이당은 5백 석 가운데 377석을 확보하였고 탁신은 태국 역사상 최초로 연임하는 총리가 되었다.

탁신의 재선 성공은 국정 운영에 대한 지나친 자신감과 과욕을 가져다주었다. 타이락타이당이 절대 다수의 의석을 확보하고 나서 탁신의 정권은 점차로 권위주의화되어 가고 부정부패가 만연하기 시작하였다. 한편으로 친서민 정책을 통해 소외 계층에게 다가가면서 또 다른 한편으로는 그와 그의 일가들이 소유한 회사들은 엄청난 부를 축적해 갔다. 이권 다툼과 인권침해가 늘어나고 언론에 대한 탄압이 가해졌다. 의회 독재주의에 기초한 오만함이 더해져 탁신은 왕실과 대립각을 세우는 모습을 자주 보여 주었다. 이때부터 상대적으로 위축되어 있던 전통 엘리트 계층과 도시 중산층들이 조직적으로 반발하기 시작했다. 국왕에 대한 탁신의 불경은 또 다른 한편으로는 군부에게 쿠데타를 일으킬 수 있는 좋은 빌미를 제공해 주었다.

2) 옐로우 셔츠의 등장과 탁신의 몰락

탁신에게 반발하는 세력이 날로 늘어 갈 즈음에 중요한 사건이 터졌다. 2006년 1월 탁신 일가는 자신들이 보유하고 있던 친코퍼레이션(Shin Corporation) 주식 49.6퍼센트를 싱가포르에게 팔아 넘겼다. 거래금액이 17억 달러에 이르렀는데 여기서 발생한 차익에 대한 세금을 한 푼도 내지 않은 것으로 밝혀지자 거센 비판이 일었다. 급기야는 탁신 퇴진 운동을 주도하는 조직이 생겨났다. 이들은 왕실을 등에 업은 엘리트 중산층으로 스스로를 '국민 민주주의 연대'(People's Alliance for Democracy, PAD)라고 칭하고 국왕이 태어난 월요일을 상징하는 노란색 셔츠를 입고 집회를 열었다. 이때부터 옐로우 셔츠는 왕실을 옹호하고 탁신을 반대하는 세력을 지칭하는 말로 사용되었다. 태국인들은 요일마다 행운을 가져다주는 색이 있다고 믿는다. 월요일은 노랑색, 화요일은 분홍색, 수요일은 초록색, 목요일은 주황색, 금요일은 하늘색, 토요

일은 보라색 그리고 일요일은 빨강색인데 푸미폰 현 국왕은 월요일에 태어났다. 한편 친탁신 세력의 레드 셔츠는 이러한 믿음과 상관없이 입는 것이다.

엘로우 셔츠들의 반정부 시위가 격화되고 총리 사임 요구가 거세지자 탁신은 2006년 2월에 의회를 해산하고 4월 2일에 조기 총선을 실시했다. 제1야당인 민주당이 보이콧을 선언하고 불참한 가운데 치러진 선거에서 타이락타이당이 승리했지만 헌법재판소는 4.2 총선에 대해 무효 판결을 내리고 타이락타이당에 대한 해체 명령을 내렸다. 정국이 혼란에 빠지고 10월 15일 재선거를 치르기로 결정되었다. 그러자 군부는 이튿을 타서 손티 분야랏끌린(สนธิ บุญยรัตกลิน) 대장의 주도로 9월 19일에 쿠데타를 일으켰다. 태국의 민주주의는 또다시 격랑 속으로 빠져 들어갔다. 임명된 사법부가 선거로 선출된 행정부를 몰아내고 군부가 쿠데타를 통해 또다시 헌정을 유린하는 사태가 벌어졌다. 탁신의 독재와 부정부패에 항거하던 엘로우 셔츠는 군부의 쿠데타에는 침묵했다. 한편 군부는 쿠데타를 통해 집권한 후 2년 만에 국방부 예산을 50퍼센트나 증액시켰다.

3) 탁신의 시련과 레드 셔츠의 등장

타이락타이당은 해산되고 탁신과 그 일가들의 부정부패와 불법 이권 개입 등에 대한 조사가 이루어지면서 탁신의 시련이 시작되었다. 부정부패 혐의가 드러나고 유죄판결로 재산이 압류되었다. 탁신은 끝내 망명의 길을 떠나 영국을 거쳐 남미와 아프리카 몇 개국을 떠돌다가 최근에 두바이, 홍콩 등지에 머물고 있는 것으로 전해지고 있다.

그러나 탁신에 대한 농민과 빈곤층의 지지에는 변함이 없었다. 군사정권하에서 개정된 헌법에 따라 새로 치러진 2007년 12월 23일 총선에서 탁신 지지자들이 창당한 팔랑쁘라차촌당(พรรคพลังประชาชน, People's Power Party, PPP)이 승리하여 2008년에 친탁신 내각이 들어섰다. 그러자 옐로우 셔츠들이 다시 거리로 나섰다. 이들은 나중에는 쑤완나품 공항까지 점거하면서 자신들의 주장을 관철시키고자 했다. 그러자 사법부는 2007년 총선에서 부정선거가 있었다는 점을 들어 연립 내각을 구성하고 있던 3개 정당에 해산 명령을 내렸다. 그래서 총리직은 결국 민주당(พรรคประชาธิปัตย์)의 아피싯 웨차치와(อภิสิทธิ์ เวชชาชีวะ)에게 돌아갔다

탁신이 궁지에 몰리자 이번에는 친탁신 세력이 조직되어 움직이기 시작했다. 2006년 12월경에 빨간 셔츠를 입은 무리들이 방콕 거리에 반정부 집회를 하면서 조속한 군정 종식과 탁신의 사면을 요구하였다. 이들은 2006년 9월 군사 쿠데타에 반대하던 세력들에 의해 조직된 단체로 자칭 '반독재 국가민주연합전선'(United Front for Democracy against Dictatorship, UDD)이라 했으며, 거리에 나서면서 빨간 셔츠를 입었기 때문에 레드 셔츠라고 불렸다. 레드 셔츠 구성원과 지지자들은 북부와 북동부의 농민들과 가난한 도시 근로자들이었다. 레드 셔츠는 옐로우 셔츠와는 극단적으로 대립되는 정치 세력일 수밖에 없었다. 이들은 2001년, 2004년, 2006년 그리고 2007년에 자신들이 선거를 통해 탄생시킨 정권이 군사 쿠데타와 사법적 행동주의에 의해 번번이 좌초되자 적지 않은 좌절과 상실감을 느껴야 했다.

2010년 2월 26일 태국 대법원이 탁신 일가의 동결 자산 23억 달러 중에 14억 달러를 국고로 몰수한다고 판결하자 레드 셔츠들이 대규모

시위에 나섰다. 레드 셔츠는 3월 12일 전국적으로 집회를 개시하여 3월 14일 방콕에 운집하기 시작했다. 이들의 요구 사항은 아피싯 총리의 사임과 의회해산을 통한 조기 총선이었다. 집회와 시위가 장기화되자 무력 충돌이 발생하기 시작했다. 방콕은 점점 혼란에 빠지기 시작했다. 그러나 레드 셔츠의 시위에 대해 국왕은 어떤 역할도 하지 못했다. 왕실은 이미 옐로우 셔츠로 대변되는 엘리트 중산층 쪽의 배후에 있었기 때문이다. 결국 5월 19일 무력 진압을 통해 사태는 종식되었다. 그러나 69일 동안 시위가 지속되면서 레드 셔츠의 면모가 많이 달라졌다. 처음에 레드 셔츠 집회는 탁신을 지지하는 북동부의 가난한 농민들과 일부 도시 근로자들의 소요 사태로 규정되었다. 그러나 시간이 지나면서 소외되고 버려진 계층들이 의식화되면서 기존의 기득권 세력에 대한 저항하는 집회의 성격으로 변해 갔다. 이는 태국의 권력 구조 개편을 암시하는 것이기도 하다.

4) 끝나지 않은 싸움

태국의 권력 구조는 국왕과 군부 그리고 국민의 세 가지 주체가 갖는 균형에 의해 결정되어 왔다. 푸미폰 아둔야뎃 국왕은 1946년에 19세의 어린 나이에 등극하여 현재 60년 넘게 태국을 다스려 왔다. 그동안 푸미폰 국왕은 수없이 많은 지역 개발 사업을 벌여 오면서 불교에서 유래한 이상적인 국왕을 뜻하는 '탐마라차'가 되기 위한 온정주의적 국왕으로서의 덕목을 실천했다. 이런 과정을 통해 푸미폰 국왕은 국민들로부터 어버이와 같은 존재로 여겨졌고 살아 있는 부처라는 찬사를 얻고 있다. 오늘날까지 태국 국왕의 위상은 대내외적으로 매우 특별한 것으로 받아들여지고 있다.

태국에서 민주주의 발전을 저해해 온 집단은 군부이다. 군부는 1932년부터 현재까지 18번의 쿠데타를 통해 헌정을 유린해 왔다. 태국 민주주의 역사는 군부의 독재정치에 항거해 온 민중의 투쟁사라고 할 수 있다. 권력을 추구하는 군부와 민주주의를 열망하는 국민 사이에서 푸미폰 국왕은 탁월한 정치적 감각과 처신으로 균형을 잡아왔다. 물론 국왕에게 가장 우선시되는 것은 왕실의 보존이었다.

이러한 권력 구조에 위협적인 요소로 등장한 것이 탁신이었다. 가난한 농민과 도시 빈민층의 절대적인 지지 기반을 바탕으로 의회를 장악한 탁신은 왕실이나 군부는 물론 기득권을 누려 왔던 엘리트 중산층 모두에게 위협적인 존재로 부각되었다. 이를 배경으로 촉발된 옐로우 셔츠와 레드 셔츠 간의 갈등은 태국 역사에서 유례가 없는 대규모 민-민 갈등이다. 두 집단의 시각차는 매우 크다. 옐로우 셔츠는 탁신을 절대로 용납할 수 없는 부패한 정치인으로 규정하고 선거제도를 악용하여 돈으로 표를 사서 권력을 잡는 정치 재벌로 치부한다. 그리고 레드 셔츠를 '부패한 탁신의 포퓰리즘 정책에 놀아나는 집단'으로 매도하고 '세상 물정 모르는 순박하고 가난한 사람들이 돈 몇 푼에 양심을 판다'고 비판한다. 레드 셔츠들은 부패한 것은 역대 다른 정권도 마찬가지라고 항변하며 그래도 그들의 고달픈 삶을 달래 준 정치인은 탁신밖에 없었다고 주장한다. 그들은 옐로우 셔츠를 '왕정주의자와 군부의 보호를 받는 중산층 운동가들'이라고 비난한다. 이 두 집단의 이해관계는 평행선을 달리고 있어 근본적인 해결의 실마리를 찾기는 매우 어려워 보인다.

5) 새로운 정치 실험과 태국의 앞날

지난 2011년 7월 3일 총선 결과는 레드 셔츠로 대변되는 친탁신 세력의 존재감을 확실하게 보여 주었다. 그동안 몇 번의 선거를 통해 재차 확인된 소외되고 가난한 서민들의 민심은 이제 태국 사회의 '피플 파워'로 성장했음을 보여 준다. 새롭게 나타난 피플 파워는 더 이상 거부하기 어려운 시대적 흐름인 것이 분명해 보인다. 피플 파워의 출현으로 태국 정치는 새로운 국면을 맞이하고 있다. 어찌 보면 이는 새로운 정치 실험일 수도 있다. 그러나 이러한 정치 상황에서 잉락 친나왓의 운신의 폭은 그다지 커 보이지 않는다.

우선 그녀가 극복해야 할 문제는 탁신을 넘어서서 독자적인 정치적 입지를 확보하는 것이다. 총선이 끝나고 그녀에게는 곧바로 '탁신의 아바타'라는 별명이 따라 붙었다. 그녀가 풋내기 정치인이라는 점에서 탁신이 뒤에서 조종하는 리모컨 정치를 하게 될 것이라는 시각이 지배적이다. 그러나 정치에서 모든 것을 정확히 내다볼 수는 없다. 여러 가지 상황으로 탁신의 귀국은 당분간 어렵게 되어 있다. 그리고 그녀는 태국 정치사에서 처음으로 등장한 여성 총리다. 여성만이 가지고 있는 특유의 부드러움과 모두를 끌어안고 가는 온정의 정치가 의외로 예기치 못한 성공을 거둘 수도 있다. 태국인들이 가지고 있는 특유의 막연한 낙관론에 기대를 걸어 볼 수밖에 없다.

다음에는 기득권 세력과 서민 계층 간의 국민 통합이다. 이번에 프아타이당이 내세운 선거 공약을 보면 친서민 정책 성격이 강하다. 교육 융자 기금을 조성해서 학생들에게 학자금으로 대출해 주고 졸업 후에 상환한다는 것도 그렇고 월세 1천 바트(3만8천 원)의 서민 주택 건설도 그렇다. 농민들에게 신용카드를 발급해 주고 모든 질병을 30바트 의료

보험을 적용하여 치료받게 한다는 의료 혜택도 빠지지 않았다. 최저임금은 3백 바트로 인상하겠다고 밝혔다. 이는 기존의 것보다 40퍼센트가 늘어난 것이다. 이러한 선심성 공약을 실행하기 위해서는 막대한 예산이 들어간다. 정치력을 발휘하여 기득권의 반발을 어느 정도 억누르면서 농민과 빈곤층의 요구를 적절한 수준에서 해결해 나가는 '나누는 삶'에 대한 지혜가 필요하다.

그리고 끝으로 탁신 일가의 부정적 이미지와 부정부패 혐의를 털고 가는 일이다. 프아타이당은 이번 선거에서 탁신을 포함한 정치범 사면을 추진하겠다는 선거공약을 내걸었다. 이를 위해서는 국민적 대타협이 필요하다. 그러나 현재의 정치 상황에서 실현 가능성이 매우 희박하다. 탁신의 귀환은 기존의 기득권층과 군부에게 위기감을 안겨다 줄 것이며 이로 인하여 새로운 국면이 전개될 수 있기 때문이다. 이미 탁신과 그 지지자들은 군부 쿠데타와 사법부의 정치적 판단으로 인해 자신들이 선거로 얻은 권력을 찬탈당한 경험을 가지고 있다. 감정의 골이 깊어진 만큼 국민적 통합을 이루는 데에는 생각보다 훨씬 더 긴 시간을 필요로 하는지도 모른다.

제2장

정치·외교 관계

1. 전 근대 시대의 한태 관계

전 근대 시대의 한태 관계가 어떻게 시작되었는지를 기술하는 것은 쉽지 않다. 기록 문화가 발달하지 않았던 태국에서 그 당시 관련 역사 기록을 보려면 주로 중국이나 일본 측의 사료에 의존해야 한다. 일본 사료에 따르면 짜오프라야 강 유역에서 한국인이 중간상인의 역할을 했다는 기록이 있으며, 중국의 사료에 따르면 서기 1397년 싸얌의 사신 6명이 일본에서 도주하여 한국으로 갔다는 기록이 있다. 그러나 왜 이들이 도주하였는지에 대한 상세한 내용은 기록되어 있지 않다.

한편 한국 측 사료에는 좀 더 상세한 내용이 나온다. 『고려사』에 보면 1388년 섬라곡에서 나이공이 사신단을 이끌고 왔다는 기록이 있다. 여기서 섬라곡은 싸얌을 의미한다. 사신단 중에서 어떤 자는 윗도리를 벗었고 어떤 자는 신을 신지 않았다고 기록되어 있다. 또한 이들이 가지고 온 국왕의 서신에는 성명도 봉인도 없었다고 한다. 고려에서는 그러한 나이공 일행을 공식적인 사신으로 여기지 않았던 것 같다. 당시 태국은 라메쑤안 왕(สมเด็จพระรามเมศวร, 1388~1395) 시절이었으며 한창 팽창 정책을 추구하고, 해외무역 활동이 활발하던 시기였다. 한국은 고려 말 공양왕(1345~1394) 재위 기간으로 이미 국운이 기울어 가고 있을 때이므로 사정을 잘 알 수 없는 생소한 외국 사신을 맞아 일을 도모하기는 어려웠을 것으로 보인다. 고려 말 나이공의 방문은 일회성으로 끝나고 말았다.

『조선왕조실록』 중 「태조실록」에 보면 조선 개국 후에 태국에서 사신이 또 왔었다는 기록이 있다. 1392년 섬라곡 왕국에서 나이 장쓰다오 등 20명의 사절단이 조선을 찾아와 공물을 바쳤다는 기록이 있다. 조선은 후에 장쓰다오 일행에게 배후라는 인물을 왕의 사절로 동행시켜 태국으로 보냈는데 중간에 왜구의 침략으로 실패하였다. 그런데 『태조실록』에 보면 1396년 배후와 함께 섬라곡 왕국에 답례하러 갔다가 섬라곡의 사신 린더장과 동행하여 돌아오던 이자영이 나주 앞바다에서 왜국에 잡혀 일본으로 끌려갔다가 돌아왔다고 기록되어 있다. 이를 통해 보면 장쓰다오 일행의 방문에 대한 답례로 조선은 배후를 왕의 사절로 태국에 파견했고 태국은 다시 린더장을 대표로 하는 사절단을 조선에 보냈던 것으로 추측된다. 그러나 이보다 상세한 내용을 파악할 수 있는 기록은 더 이상 찾아볼 수 없다(조흥국 1999).

이후 양국의 관계는 더 이상 진전되지 못한 채 오랜 기간 단절되었다. 두 나라 모두 국내외 상황이 여의치 못했다. 태국은 랏따나꼬신 시대(1782~현재)에 들어와 국가의 기반을 다지고 이웃나라들의 침략으로부터 자국을 보호하기 위해 전쟁을 수행하는 등 외국과 교류를 추진할 여력이 없었고, 한국은 조선 후기로 가면서 외세에 시달려 급기야는 쇄국 정책을 쓰다가 1857년 일본의 요청에 의해 다시 문호를 개방하게 된다.

랏따나꼬신 시대 들어와 한국과 태국이 직접 교류한 사료는 없지만 왓포(วัดโพธิ์)에 보면 한국인에 대한 기록을 찾아볼 수 있다. 왓포에는 라마 3세가 여러 이민족에 대해 기록해 놓은 정자가 있다. 당시 백성들의 견문을 넓혀 주고자 32개의 다른 언어를 사용하는 이민족들에 대한 설명을 16개의 정자에 나누어 기록해 놓았는데, 의복과 거주지, 외모, 풍습과 문화 등에 대한 내용들이 있다. 여기에 보면 한국인에 대한 설명이 있는데 그 내용을 살펴보면 다음과 같다.

베트남 사람과 닮았으며
한국인은 이방인으로
머리는 묶어 올렸다.
수염이 많고 턱 아래까지 길렀다.

천진 가까운 곳에 살며
우아한 옷차림을 하고 있다.
멋진 비단 바지를 입고
잉우인들이 쓰는 모자를 쓰고 있다.

위에 기술된 내용으로 보아 라마 3세 당시에 방콕 인근에 한국인이 있었음을 알 수 있다. 그러나 언제 무슨 목적으로 들어왔는지에 대한 상세한 기록은 찾아볼 수 없다. 이민족들에 대한 기록은 한국인 외에도 중국인·일본인·베트남인·크메르인 등에 대해서도 언급하고 있다. 한국인을 베트남 사람과 비슷하다고 기술한 이유는 무엇일까? 베트남과 한국은 오랜 기간에 걸쳐 중국의 영향을 받았기 때문에 태국인들로서는 양국 사람들 간에 유사한 면이 보이지 않았나 추측할 수 있다. 또한 태국과 한국은 거의 교류가 없었던 시기이므로 태국인들은 한국인을 중국의 소수민족들 가운데 하나로 본 듯하다. 당시의 인구조사 기록에서 보면 방콕 인근에 13명의 한국인이 살고 있는 것으로 나와 있다. 중국인들은 조주인·복건인·해남인·객가인 등으로 분류되었는데 한국인도 이들 중의 한 부류로 분류되어 찐까울리(จีนเกาหลี)로 표기되었다(쑤랑씨 딴씨앙쏨 2007).

2. 한국의 독립과 한태 교류의 시작

1945년 8월 15일 일본이 연합군에게 무조건 항복함으로써 제2차 세계대전은 종식되고 한국은 독립을 맞게 되었다. 미국과 소련은 38도선을 기준으로 남과 북을 나누어 일본군의 무장해제를 맡기로 했다. 이를 계기로 38도선 이북에는 소련군이 진주하게 되고 이남에는 미군이 진주하게 되었다. 1945년 12월 미국·영국·소련·중국 등의 4개국이 최고 5년 동안 한반도를 신탁 통치할 것을 결정했다. 그러자 남한은 정부 수립이 지연되는 것을 원치 않아 반대하고 북한은 처음에 반대하다가 찬성으로 돌아섰다. 신탁통치가 반대에 부딪히게 되자 미국과 소련은 공동위원회를 개최하여 한반도 문제를 논의했으나 합의점을 도출하지 못하고 결렬되었고, 유엔은 남한에서만 총선을 실시하여 정부를 수립하도록 결정하였다.

1948년 5월 10일 유엔 한국 임시 위원단의 감시 아래 남한에서 총선이 실시되어 198명의 국회 위원을 선출하고, 같은 해 5월 31일 제헌국회가 소집되어 이승만을 의장으로 선출하였다. 제헌국회는 헌법을 제정하여 7월 17일 헌법을 공포하였다. 처음 제정된 헌법에 의거 이승만이 대한민국의 초대 대통령으로 선출되었다. 이승만 대통령은 행정부를 구성하고 1948년 8월 15일 대한민국의 정부 수립을 국내외에 선포하였다. 한편 북한에서는 같은 해 9월 9일에 김일성을 수반으로 하는 조선민주주의인민공화국을 출범시켰다. 이로써 한반도는 통일 정부를 수립하지 못하고 분단의 시대를 맞게 되었다. 남한의 대한민국 정부가 수립되자 태국은 1949년 이를 공식적으로 승인하였다. 태국은 국제사회에서 대한민국 정부를 공식 승인한 첫 번째 국가였다.

한반도의 분단은 또 다른 비극의 시작이었다. 남과 북에서 단독정부가 들어서고 나서 한반도에서는 혼란과 분열이 끊이지 않았다. 한반도는 내전적 상황이나 마찬가지였다. 38선에서 병력 간의 충돌이 잦았고 남쪽에서는 남로당 주도하에 게릴라전이 끊이지 않았다.

북한은 두 차례에 걸쳐 소련을 방문하고 중국과 긴밀히 협의하면서 남한을 적화시킬 전쟁 준비에 들어갔다. 이러한 상황에서 남한의 이승만 정권은 아무런 준비 없이 공허한 북진 통일을 외치고 있었다. 1949년 중국 내전에서 중국 공산당이 승리하고 1950년 1월에 한국은 미국의 동아시아 방위선에서 제외된다는 애치슨 미 국무장관의 발언이 있은 뒤, 기다리고 있던 북한은 1950년 6월 25일 새벽 사전 선전포고 없이 남한을 침공했다.

북한군은 불과 사흘 만에 서울을 점령하고 기세를 몰아 7월 19일에는 대전을 점령하고 8월 31일에는 낙동강 전선까지 밀고 내려왔다. 북한의 도발은 즉각적으로 국제사회의 개입을 가져왔다. 유엔은 북한을 침략자로 규정하고 미국과 영국 그리고 프랑스를 주축으로 하여 유엔군이 결성되었다. 16개국이 참전한 유엔군은 7월 1일 지상부대가 부산에 상륙하여 국군과 합동작전을 펴게 되었다. 맥아더를 사령관으로 하는 유엔군은 9월 15일 인천상륙작전을 감행하고 9월 18이에는 서울을 수복하게 되었다. 유엔군의 참전으로 전세가 역전되면서 북한군은 압록강 근처까지 후퇴하게 되었다.

그러자 중국이 개입하면서 전세가 다시 역전되었다. 국군과 유엔군은 다시 한강 이남까지 밀리게 되었다. 이런 과정에서 남한과 북한의 내전의 성격으로 발발했던 전쟁은 유엔군과 중국군이 가세하면서 국제전의 양상을 띠게 되었다. 국군과 유엔군이 다시 전세를 가다듬고 반격을 가했으나 전선은 중부지방에서 교착화되고 전쟁은 장기화 국면으로 접어들었다. 38도선을 중심으로 밀고 밀리는 전투가 계속되자 휴전이 모색되기 시작했다. 소련의 유엔 대표 말리크가 휴전을 제의하자 1951년 6월 30일 개성에서 휴전을 위한 1차 회담이 열리게 되었다. 1차 회담에서 리지웨이 유엔 최고사령관의 휴전 제의를 김일성과 펑더화이(彭德懷)가 이에 동의하자 휴전 회담이 진행되기 시작하였다. 그후 2년여 동안 159차례의 본회담과 179차례의 분과위원회 회담, 188차례의 참모장교 회담, 238차례의 연락장교 회담을 거쳐 1953년 7월 27일에 휴전이 성립되었다. 휴전 상태는 지금까지 계속되고 있다.

3. 태국군의 참전 배경과 과정

유엔이 북한을 침략자로 규정하고 국제사회의 개입을 선언하자 태국은 아시아에서 가장 먼저 한국을 지원할 의사를 표명하였다. 당시 태국은 기본적으로 중립 외교를 표방하고 있었다. 그럼에도 불구하고 남한을 지원한 것은 한국전쟁을 단순한 내전으로 보지 않고 중국과 소련을 중심으로 한 공산주의 세력과 미국을 중심으로 한 자유민주주의 세력 간의 무력 충돌로 보았기 때문이다. 만약에 남한이 적화되면 그 다음은 베트남·미얀마·태국까지 공산화되는 도미노 현상을 우려했던 것이다. 전쟁 발발 5일 만에 태국은 즉각 쌀 4만 톤을 제공하기로 했다. 이런 태국의 결정은 매우 의미 있는 일이었다. 당시 소련은 서구의 제국주의 국가들만이 유엔의 남한 지지에 동참할 것으로 여겼기 때문이다. 태국은 6·25 발발 후 5개월만인 1950년 11월부터 유엔군의 일원으로 한국전에 직접 참전했다. 태국이 파견한 병력은 육·해·공군 및 의료 지원단까지 연인원 1만3천 명 규모에 이른다.

1) 태국군의 참전 과정

1950년 6월 26일 오전 4시에 유엔 안전보장이사회가 열리고 미국의 제안이 받아들여져, 북한군에게 즉각 전투를 중지하고 38선 이북으로 철수할 것을 요청하는 결의안이 채택되었다. 6월 29일에는 제2차 회의를 열어 유엔군을 결성하여 한반도에 파병할 것을 의결하였다. 유엔사무총장은 회원국에게 이에 대한 협조 공문을 보냈다. 태국은 외무부장관을 경유하여 서신을 접수했는데 서신 내용은 유엔 안보리의 의

결에 따라 남한을 도와 북한의 무력 도발을 저지해 달라는 것과 태국이 어떤 형태의 지원을 할 것인지 유엔 사무총장에게 신속히 알려 달라는 내용이었다.

태국은 각료 회의에서 농업국임을 감안하여 식량을 원조하기로 의결하고 유엔사무총장에게 회신하였다. 태국은 7월 1일자로 된 외무부장관 서신에서 "한반도 사태에 깊은 우려를 표하면서 북한의 무력 도발을 규탄한다. 유엔 안보리의 결정을 지지하고 유엔에서 필요로 하는 모든 사항에 대해 남한을 지원할 준비가 되어 있다. 태국은 농업국인 점을 감안하여 쌀을 비롯한 식량을 지원하기로 하였다."라고 통보하였다.

이에 유엔 사무총장은 7월 14일 다시 태국 외무부장관에게 서한을 보내 태국이 유엔 결의를 지지하고 남한에 대한 식량 지원에 감사의 뜻을 전했다. 아울러 7월 9일 유엔군 사령부 설치에 관한 결의를 알리면서 태국 정부가 군사적 지원, 특히 지상군 병력 파병을 검토해 줄 것을 요청하는 서한을 보냈다. 피분쏭크람 당시 태국 총리는 7월 20일에 이 문제를 국토방위원에 상정시켜 논의하게 하였다. 국토방위원에서 만장일치로 연합 전투부대를 파견하기로 의결하고 이를 각료 회의에서 신속히 결정해 줄 것을 요청하였다. 같은 날 각료 회의에서는 이 안건을 만장일치로 의결하고 중요한 사안으로 판단하여 헌법 제132조에 의거 국회에 상정하였다. 7월 22일에 열린 국회에서도 남한의 전투부대 파견 건은 무난히 통과되었다. 국회 비준을 거친 파병 건은 국왕의 윤허를 얻기 위해 왕실에 보고되었으며 9월 22일에 국왕의 칙령에 따라 지상군을 파병하게 되었으며 9월 29일에 공군 및 해군의 파견이 이루어졌다. 당시 지상군 파견을 윤허하는 국왕의 칙령에 담긴 내용을 보면 다음과 같다.

(สำเนา)

ประกาศ

ให้ใช้กำลังทหารเพื่อการรบ

....

ในพระปรมาภิไธย

พระบาทสมเด็จพระปรมินทรมหาภูมิพลอดุลยเดช

รังสิต กรมพระชัยนาทนเรนทร

ผู้สำเร็จราชการแทนพระองค์

โดยที่ ทรงพระราชดำริเห็นว่า ตามที่เลขาธิการองค์การสหประชาชาติ

ได้ขอให้รัฐบาลไทย พิจารณา หาทางช่วยเหลือ

ในเรื่องกำลังรบเฉพาะกำลังทางพื้นดิน เพื่อร่วมมือกับองค์การสหประชาชาติ

ในกรณีสงครามเกาหลี และรัฐบาลได้ตอบให้ ความร่วมมือไปแล้วนั้น

สมควรจะได้ดำเนินการส่งทหารไปร่วมมือ ตามหลักอุดมคติ ของสหประชาชาติ

อันเป็นการสอดคล้องต้องกับรัฐธรรมนูญ แห่งราชอาณาจักรไทยมาตรา 57

ซึ่งบัญญัติว่า รัฐพึงร่วมมือกับนานาประเทศ

ในการรักษาความยุติธรรมระหว่างประเทศ และผดุงสันติสุขของโลก

กับทั้งรัฐบาล ก็ได้มีนโยบาย อันได้แถลงไว้ต่อรัฐสภาว่า

จะร่วมมือกับองค์การสหประชาชาติในบรรดากิจการต่างๆ เพื่อความยุติธรรม

และสันติสุขของโลก

พระมหากษัตริย์อาศัยอำนาจ ตามความในมาตรา 60

ของรัฐธรรมนูญแห่งราชอาณาจักรไทย จึงมี พระบรมราชโองการ

ให้ส่งกำลังทหารทางพื้นดินไปร่วมปฏิบัติการ กับองค์การสหประชาชาติ

ในกรณีสงครามเกาหลีตั้งแต่บัดนี้เป็นต้นไป

ประกาศ ณ วันที่ 22 กันยายน พ.ศ.2493 เป็นปีที่ 5 ในรัชกาลปัจจุบัน

ผู้รับสนองพระบรมราชโองการ

จอมพล ป. พิบูลสงคราม

นายกรัฐมนตรี

전투 병력 사용 윤허

국왕 서명

푸미폰 아둔야뎃 국왕

랑싯 왕실

국왕 대리인

국왕 폐하께서는 유엔사무총장이 한국전에 태국이 지상군을 파견하도록
요청하고 태국 정부가 이에 협력하겠다고 회신한 것은 국가 간의 공정함과
평화를 수호하고자 하는 일에 있어 국제사회에 협력하도록 규정한 태국 헌법
제57조에도 부합되는 일이며, 또한 정부가 국회에서 세계 평화와 국제사회의
공정함을 지키기 위한 유엔의 노력에 협력하기로 한 정부 정책과도 일치하는
일이라고 판단하신다.

이에 헌법 제60조에 의거한 국왕의 권한으로 이 시간부터 지상군을 한국전에
파견하여 유엔군과 협력하도록 칙령을 내리는 바이다.

현 왕조 재위 5년 불기 2493년 9월 22일 공표

칙령 수행자

피분쑹크람 원수

총리

한국전 참전에 대한 결정은 매우 신속하고 적극적으로 이루어졌
다. 태국 정부는 유엔에 1개 연합 전투부대, 4천 명의 병력을 파견하기
로 하고 이에 관한 업무를 국방부에서 관장하도록 하였다. 국방부는
버리분 쫄라짜릿 대령(พันเอกบริบูรณ์ จุลละจาริตต์)을 한국전 파병 병력에
대한 책임관으로 임명하고, 전투부대를 편성하라는 명령을 내렸다. 국

방부는 한국에 파견할 병력을 지원을 통해 모집했는데 7월 29일 모집 공고를 내자 1만4,998명이 지원하였다. 10월 16일 국방부는 한국전에 참전할 부대를 편성하기 위해 멈짜오피셋디싸야퐁 디싸꾼 소장(พลตรี หม่อมเจ้าพิสิฐดิษยพงษ์ ดิสกุล)을 유엔군과 공동작전을 수행할 태국군 사령관으로 임명하였다. 본래 4천 명 규모의 병력을 파견하기로 하였으나 유엔군의 전황이 호전되자 파견 병력은 1개 대대 규모로 축소되었다. 육군은 제21연대와 지상군 병력 1개 대대를 파병하고, 해군은 병력 수송과 정찰의 임무를 맡도록 했다.

최종적으로 지상군 1개 대대와 해군 프리깃함 2척, 수송선 1척을 파견하였는데 이들은 1950년 10월 22일 방콕의 크렁떠이(คลองเตย)항을 출발하여 11월 7일 부산항에 도착했다. 이 가운데 지상군 1개 대대는 미 제8군의 작전 통제하에 전투 임무를 수행하도록 하고, 해군은 미 극동 해군 사령부의 제95 기동부대에 배속되어 임무를 수행하게 되었다. 태국 공군은 그보다 11개월 후에 파병이 결정되어 1개 수송기 편대가 1951년 6월 23일 일본에 도착한 후 한국전에 대한 항공 지원 임무를 수행하였다. 이로써 태국은 한국전쟁에 육해공군을 모두 파견한 다섯 번째 나라가 되었다.

2) 태국군의 활약

(1) 육군

1950년 11월 7일 부산항에 도착한 태국 지상군 1개 대대는 대구로 이동해 2주간 부대 정비와, 미군으로부터 지원 받은 무기에 대한 교육 및 현지 적응 훈련을 받았다. 그 후 참전 초기 약 4개월간 평양과 수원을 오가며 유엔군의 전선 후방에서 병참선 경계 및 대게릴라 작전을 수행했다. 이때 태국군은 유례없는 1950년 한국의 혹한과도 싸워야 했다. 추위에 익숙하지 않은 태국군이 동상과 질병에 시달려 전투력이 약화되자 상급 부대는 태국군에게 방한복과 방한 장구를 우선적으로 지급하고 새로 파견되어 전입해 들어오는 태국군에게 방한과 동상 교육을 실시했다.

1950년 11월 26일 중국군의 대규모 공격으로 연합군의 전선이 무너져, 11월 28일에는 청천강으로부터 후퇴하기 시작했다. 이때 태국군은 평양에서 철수해 개성 북쪽까지 내려와 저지 진지를 점령하고 유엔군의 철수를 도왔다. 그 후 태국군은 개성에서 서울을 경유하여 수원에 내려와 부대를 정비한 후 1951년 1월 1일 미국 제1군단에 배속되고 1월 2일 영등포로 이동하여 영국군 제29여단에 재배속되었다. 1월 7일 다시 32킬로미터를 남하하여 평택에 방어진지를 구축한 태국군은 혹한과 싸우며 유엔군과 중국군 간에 소강상태가 지속되는 상황에서 정찰과 잠복근무를 하며 반격 작전을 준비했다. 1월 18일, 태국군은 미 제9군단에 배속되어 보급로 경계 임무와 대유격전 등을 수행했다. 후방 지역에서 게릴라 활동이 격렬해지자 태국군은 풍기-단양 사이의 주요 보급로에 대한 대유격 작전을 효율적으로 수행하여 게릴라 활동이 현저히 줄어드는 성과를 올렸다.

1951년 3월부터 태국군은 전방 지역 작전에 투입되어 본격적인 전투 임무를 수행했다. 유엔군은 중국군의 공세를 차단하고 반격을 시작했다. 태국군은 춘천 남쪽으로 이동하여 미 제8기병 연대에 배속받았다. 정찰전을 수행하던 태국군은 4월 9일 큰매지 일대에서 중국군 1개 중대를 격퇴시키고 북한강을 도하하여 준지-작은매지-거레리까지 진출했다. 이 작전을 수행하면서 태국은 1명이 전사하고 11명이 부상을 당했으나 적군 22명을 생포하고 미군 포로 4명을 구출하는 전과를 올렸다.

4월 22일부터 중국군의 춘계 공세가 시작되자 유엔군은 종심 방어진지를 보강하고 기갑 정찰 활동을 강화하면서 적의 공세에 대비했다. 4월 28일 새벽 태국군은 우이동 부근에 주둔하면서 미 제1군단 산하 부대들이 안전하게 철수할 수 있도록 엄호하는 임무를 수행했다. 그날 밤 태국군 진지에 적군 1개 중대가 침투하여 밤새 야간 전투를 치르고 다음 날 새벽에 진지를 다시 찾을 수 있었다. 이 전투에서 태국군은 적군 32명을 사살하는 전과를 올렸다. 이후에도 태국군은 방어진지를 구축하고 정찰 활동을 강화하면서 크고 작은 전과를 올렸다.

5월 들어 중국군의 공세가 중단되고 유엔군의 반격이 시작되자 태국군도 의정부까지 진출하고 5월 27일에는 한탄강을 넘어 탈원리 일대를 점령하였다. 5월 말부터 6월 초까지 전곡 부근에 방어진지를 구축하고 있었는데 6월 6일 새벽 적의 공격을 받았다. 태국군은 이를 격퇴하면서 적군 20여 명을 사살하는 전과를 올렸다. 다음 날 아침 태국군은 공격을 재개하여 휘옥동 부근 234고지에서 적 1개 중대를 발견하고 포병을 지원을 받아 다시 적 25명을 사살하였다.

7월 이후 전선은 소강 국면으로 접어들었다. 대규모 전투가 거의 없는 고착 상태에 빠져들고 정전 회담이 열리기에 이르렀다. 유엔군 측과 북한 측은 1951년 7월 8일 개성에서 최초의 접촉을 갖고 장기간의 정전 회담이 시작되었다. 오직 종전을 위한 회담 압박과 전후 유리한 지형과 방어선 확보를 위한 소규모 전투만 계속되는 상황이었다. 이런 가운데 태국군은 7월 1일 상촌 인근 337고지 부근에서 적 2개 소대와 조우하여 10명을 사살하고 2명을 사로잡았다. 또 8월 18일에는 웃나무골 적 집결지를 기습 공격하라는 명령을 받고 적 70여 명을 살상하고 보급기지를 폭파하는 성과를 거두었다.

10월 25일 정체 상태에 있던 휴전회담이 재개되었다. 유엔군 측은 현 전선을 기준으로 군사분계선을 설정하자는 제안을 하였다. 이 제안에 약간의 수정을 가하여 11월 27일 쌍방의 합의가 정식으로 이루어지자 유엔군 각 부대는 일체의 공격작전을 중지하고 적극적인 방어 작전에 들어갔다. 11월 13일 야간에 티-본(T-Bone) 고지 남측 돌출부상에 위치하고 있던 태국군 전초진지에 전차로 증강된 2개 중대 규모의 중국군이 공격을 감행하였다. 태국은 우세한 적을 맞아 야포와 전차포의 지원을 받아 적을 저지했고, 적이 진내로 들어오자 소총과 수류탄, 육박전으로 적을 격퇴했다. 이 전투에서 태국군은 적 30여 명을 사살했으나, 태국군도 전사 8명, 실종 15명, 전상 25명의 인명 손실을 입었다. 날이 밝아 오자 새로운 태국군 소대가 투입되어 진지를 보강했다. 진지 고수에 공이 컸던 태국군 제1중대 담통 유포 중위가 이 전투에서 전사했다. 미국 정부와 태국 정부는 그의 군인 정신과 희생을 높이 기려 무공훈장을 추서했다.

38도선상에서 불안정한 대치 상태가 계속되는 동안 유엔군과 북한군은 곳곳에서 '땅따먹기' 성격의 전투가 끊임없이 벌어졌다. 이렇게 고지 쟁탈전을 벌이는 가운데 1952년 10월 하순 태국군은 포크찹 고지(PorkChop Hill) 전투에서 대승을 거두었다. 포크찹은 역곡천 지류의 바로 북쪽에 위치하고 있는 234미터의 나지막한 고지인데 전략적 가치가 높았다. 태국군은 미 제2사단 제9연대에 배속되어 포크찹 고지로 투입되었다. 태국군은 진지를 보강하고 전투 준비에 만전을 기했으나 정면의 적군은 중국군 제38군 제113사단 제337연대 예하의 제1대대와 2대대였으며 제3대대도 유사시 투입될 것으로 판단되는 상황이었다. 11월 1일 새벽에 중국군의 제1차 공격이 있었다. 치열한 야간 전투 끝에 적은 50여 구의 시체를 버리고 물러갔다. 태국군도 전사 8명, 부상 14명의 손실을 입었다. 11월 7일 적군은 2차 공격을 감행해 왔다. 태국군은 진내 포격을 요청하고 참호 속으로 침투한 적과는 육탄전으로 맞섰다. 치열한 전투 끝에 적은 78구의 시체를 유기하고 기관총 2정과 소총 20정을 버리고 도주하였다. 태국군은 절대적으로 우수한 화력을 바탕으로 수적 우위에 있던 중국군을 불굴의 투지와 용기로 물리쳤다는 평가를 받았다. 중국군은 포크찹 고지를 포기하지 않고 11월 10일 밤에 3차 공격을 개시하였다. 중국군은 인해전술로 밀고 들어와 밤새 전투가 이어졌다. 최후 저지선까지 밀고 들어온 중국군과 육탄전을 벌이면서 치른 전투 끝에 태국군은 중국군 2백여 명을 사살하고 4명을 생포하였으며 각종 화기와 장비를 노획하였다. 태국군은 10명이 전사하고 2명이 실종되었으며 47명이 부상을 입었다.

포크찹 전투는 태국군이 보여 준 가장 용감하고 치열한 전투였다. 이 전투는 유엔군에도 매우 훌륭한 본보기가 되었다. 태국군의 손실이 사망 25명, 부상 76명인 데 비해 중국군은 3백 명 이상이 사망하였다. 포크찹 전투를 통해 태국군은 그들의 용맹을 과시하고 명예를 드높였다. 전투가 끝난 11월 11일 미 1군단장과 미 제2사단장은 포크찹 진지를 둘러보고 태국군을 치하하고 격려하였다. 사단장은 '태국군의 유감 없이 발휘한 전투력을 높이 치하하며 이로써 앞으로 어떤 전투에서든지 유엔군이 승리할 수 있다는 확신을 심어 주었다'고 극찬하였다. 포크찹 전투를 통해 태국군은 '작은 호랑이'라는 별명을 얻게 되었고 태국 무공훈장 37개, 미국 은성무공훈장 13개, 공로 훈장 6개, 그리고 동성 무공훈장 26개가 주어졌다.

1952년 초부터는 소강상태 국면으로 들어서면서 소규모 전투의 연속이었다. 태국군도 주로 정찰 위주의 임무를 수행하였다. 1953년 들어서면서 태국군은 의정부 동쪽 부평리로 이동하였다. 혹한 속에서 태국군은 소규모 접전을 치르면서 예비대 임무를 수행했다. 5월 4일 철원 서쪽의 교동으로 이동하여 와이오밍(Wyoming)선 저지 진지를 점령하였다. 휴전회담에 진전을 보이자 한 치의 땅이라도 더 빼앗기 위해 전투는 날로 치열해지기 시작했다. 7월 12일 오전에 태국군은 우구동 일대에 새로운 방어진지를 점령하라는 명령을 받았다. 우구동 일대에서 미 제2사단 소속 187공정연대전투단과 함께 부메랑 지역의 방어 임무를 부여받았다. 태국군은 351고지에 투입되었는데 정면에는 중국군 제16군 예하 제46, 제47, 제48사단이 포진하고 있었다. 태국군은 7월 14일부터 7월 27일까지 수차례에 걸친 중국군의 집요한 공격을 사단 지원 화력의 엄호하에 근접전까지 치르면서 이들을 격퇴하고, 7월 27일 휴전이 될 때까지 진지를 사수했다.

(2) 해군

1950년 9월 22일 유엔군과 더불어 한국전에 참전하라는 국왕의 윤허가 있고 나서 태국 해군이 참전 준비를 마치고 방콕항을 떠난 것은 1950년 10월 22일이었다. 두 대의 프리깃함 쁘라쌔(ประแส) 호와 방빠꽁(บางปะกง) 호 그리고 수송선 씨창(สีชัง) 호로 편성되었다. 이 밖에도 민간 선박 한 척이 있었다. 해군은 민간 선박에 21연합 전투 부대 일부를 승선시키고 씨창 호에 21연합 전투부대 일부와 적십자단을 승선시켰다. 씨창 호는 지상군 수송 임무가 끝나고 나서 한국이나 일본에 주둔하고 있는 태국군의 수송을 맡도록 했다. 쁘라쌔 호와 방빠꽁 호는 함대 호위를 맡고 지상군 수송 임무를 끝내고 나서 유엔군 일원으로 필요하다고 생각되는 임무를 수행하도록 했다. 이들 함대는 11월 7일 부산항에 도착하였다. 수송 임무를 마친 태국 군함은 일본의 사세보 항으로 가서 미 해군기지 출입로 상의 초계 임무를 수행하였다.

1951년 1월 3일 태국의 프리킷 함 쁘라쌔 호와 방빠꽁 호는 미 구축함 이글리쉬 호와 함께 동해로 이동했다. 이 함대의 임무는 북위 38~39도 선상에 위치한 양양-장전-초도리 부근 해상의 초계함에서 해안의 중요 목표 기지에 함포 사격을 가하는 것이었다. 그런데 1월 6일과 7일 야간에 불어 닥친 강풍과 폭설로 태국 함정이 고립되고 쁘라쌔 호가 좌초되는 사고가 일어났다. 미 함정들이 급파되어 구난 작전을 펼쳤으나 결국 쁘라쌔 호를 포기하고 승무원을 헬기로 구조한 후 3월 9일 전원 귀국시켰다. 방빠꽁 호와 씨창 호는 나중에 사세보 기지로 돌아왔다. 방빠꽁 호는 1951년 4월 6일부터 10일간 미 해군 사우살리토 호와 영흥만 근해에서 초계 임무와 해안 군사기지 목표에 함포 사격 임무를 성공적으로 수행하였다. 4월 30일에는 다른 미 구축함 2정과 함께 원산항 일대 함포사격의 임무를 수행하면서 해안포를 공격하여 이를 무력화시켰다.

휴전 후 태국 해군은 1955년 1월에 철수하고 공군은 1964년 11월에 철수하였다. 지상군은 1개 중대를 잔류시키고 1954년에 모두 철수하였다. 전쟁이 끝난 후에도 육군 1개 중대 병력이 경기도 운천 지역에 주둔하다가 1972년 6월에 완전히 철수하였다. 태국군은 한국전쟁에 참전하여 유엔의 대의에 공헌하였을 뿐만 아니라 대한민국의 자유와 민주주의를 수호하는 데 크게 기여하였다. 1950년 11월 7일 부산에 도착하고 나서 1953년 7월 27일 휴전협정이 조인될 때까지 2년 9개월의 전쟁 기간 동안에 5차례에 걸쳐 파한된 태국군은 총 3,650명에 달했다. 이 중에서 129명이 전사하고 1,139명이 부상을 입었으며 5명이 실종되었다.

3) 참전 기념비 건립

한국 정부는 태국군의 참전을 기념하고 희생정신을 기리기 위하여 경기도 운천 지역에 태국군 참전비를 건립하였다. 1974년 경기도 포천군 영북면 운천리에 세워진 참전비에는 "자유와 평화를 위해 싸운 육해공군 용사들! 여기 그들의 마지막 주둔지에 피 흘린 130명의 뜻을 같이 새긴다"라고 기록되어 있다. 또한 이보다 앞서 1951년 5월 28일에 경기도 연천군 청산면 장탄리에 세워진 38도선 돌파 기념비에는 "한국전쟁 당시 태국 21보병 연대 제1대대 장병들의 자유 수호와 38선 돌파 작전의 무공을 기념하기 위하여 제70전차 부대 제191소대에서 이 기념비를 건립하였습니다"라고 기록되어 있다.

태국은 방콕 시내에서 동남쪽으로 80킬로미터 떨어진 촌부리 주에 위치한 나와민트라치니(นวมินทราชินี) 부대 태국 제21연대 안에는 1989년 8월에 세워진 한국전 참전 기념탑과 1991년 5월에 세워진 한국전쟁 기념관이 있다. 기념관 안에는 태국군이 2년 9개월의 참전 기간에 북한군과 중국군에게서 노획한 무기와 장비 등이 전시되어 있다. 매년 이 부대 연병장에서는 참전 용사들과 21연대 부대장, 그리고 주태 한국 대사를 비롯한 국방부 인사와 외교관들이 참석해 전몰장병들에 대한 추모 의식을 거행하고 있다.

4) 한국전을 배경으로 만든 영화 〈아리당〉

한국과 태국이 정식 수교한 지 2년 만에 한국전쟁이 발발하고 태국은 곧바로 유엔군의 일원으로 참전했다. 태국의 참전은 한국 문화가 태국에 처음으로 유입되는 계기가 되었다. 한국전쟁 이후에 태국에 가장 먼저 나타난 한국 문화는 〈아리랑〉이었다. 한국전쟁에 참전했던 태국의 작곡가 벤짜민(เบญจมินทร์)이 태국군 장교와 한국 처녀의 사랑 이야기를 바탕으로 〈시앙크루안 짝 까울리〉(เสียงครวญจากเกาหลี)라는 노래를 만들었다. '한국에서의 울음소리'라는 뜻인데 이 노래를 태국인들은 〈아리당〉이라고 부른다. 벤짜민은 실제로 6개월간 한국전에 참전한 경험이 있었으며, 태국으로 돌아가 1956년 한국적 곡조에 다음과 같은 노랫말을 붙여 만들었다.

เสียงครวญจากเกาหลี

โอ้อารีดังก่อนยังเคยชื่นบาน ทุกๆ วันรื่นรมย์สมใจ
ถึงยามราตรีเหล่าเรานารีทั่วไป ระเริงใจร้องรำตามเสียงเพลง
เรามาสนุกทุกข์ใดไม่มี ถึงใครย่ำยีมิคิดกลัวเกรง จะขอยืนสู้อยู่ไม่หนี
จะขอยอมพลีเลือดละเลง ให้ลือระบืงว่าหญิงก็สู้

แต่มาไม่นานก็มีทหารไทย มิตรเมืองไกลต่างแดนแควันฉันอยู่
เขามาเพื่อชาติปราบ อริราชศัตรู หวังเชิดชูเสรีที่รักยิ่ง

ดวงใจประเสริฐสมควรชม ฉันนึกนิยมน้ำใจรักจริง ทั้งรูปก็หล่อติดใจฉัน
เรามีรักกันสัมพันธ์ยิ่ง เสียใจไม่จริง เขาทิ้งฉันไป

ไม่เกลียดไม่โกรธไม่โทษหรอกคนดี หวังไมตรีต่อกันอันยิ่งใหญ่
ถึงยามราตรีหาก กอดนารีไทย หวังน้ำใจคะนึงนึกถึงมั่น

ยามฟ้าครวญคร่ำฉันครวญคราง รักเธอไม่สร่างรักดั่งหัวใจ
ถึงแม้จะห่างดั่งดินฟ้า วิญญาณฉันมาอยู่เคียงใกล้ ขอทหารไทยจำอารีดัง
ขอทหารไทยจำอารีดัง ขอทหารไทยจำอารีดัง ขอทหารไทยจำอารีดัง

*

한국에서의 울음소리

오! 아리랑. 옛날에는 그저 즐거웠지. 기쁜 날 우리 여인네들은 밤늦게까지
노래를 부르고 춤을 추었네. 그저 재미있고 고통은 없었지. 누구든 침략해
오면 두려워하지 않고 싸웠지. 도망가지 않았어. 피 흘리며 희생하고
여자들도 싸웠지.

오래지 않아 머나먼 나라 우리의 우방 태국 군인이 왔지. 그들은 국가를 위해
적을 물리치고 자유를 드높이고자 했어. 그 마음은 숭고하여 찬양할 만 했지.
그 진실한 마음이 좋아 나는 사랑해 버렸네. 잘생긴 모습도 날 사로잡았지.
그래서 우리는 서로 사랑하게 되었어. 그런데 진심이 아니었네. 그는 나를
버리고 떠나가 버렸지.

미워하지 않아. 화내지도 않아. 탓하지도 않아. 그 사람은 좋은 사람이었어.
더 큰 우의를 기대하며 그를 기다리네. 밤에는 태국 여인을 품고 있다
하더라도 나를 생각하는 정을 기대하네.

하늘이 슬퍼할 때 나도 비탄에 젖네. 그에 대한 사랑은 식지 않고 그
무엇보다 그를 사랑하네. 하늘과 땅처럼 멀리 떨어져 있다 해도 내 영혼은
가까이 와 있네. 태국 병사여, 아리랑을 잊지 마오. 태국 병사여, 아리랑을
잊지 마오. 태국 병사여, 아리랑을 잊지 마오.

한국의 처녀가 태국 군인을 그리워하는 내용을 담고 있는 이 노래는 태국인들에게 한국적 정서를 전했으며, 그들의 기억 속에 남아 있는 한국적 모습을 자극하여 널리 불리게 되었다. 1980년 이 노래에 담긴 내용을 배경으로 영화가 제작되었다. 영화 〈아리당〉은 태국의 영화사 파이브스타(Five Star)에서 제작하였는데, 대부분 한국 현지에서 촬영했으며, 여주인공을 비롯하여 조연과 엑스트라들에 이르기까지 한국 배우들이 실제로 출연하였다. 노래 〈아리당〉은 이 영화의 주제곡으로 되살아났다. 영화의 줄거리는 다음과 같다(신근혜 2008).

주인공 퐁판 테와피탁 대위는 1953년 한국에 파견된 태국군 장교이다. 그는 용감히 싸우면서 전투를 수행하고 있었다. 그러던 어느 날 밤, 적의 기습 공격을 받아 부대가 거의 전멸당하고 퐁판 대위는 총에 맞아 부상을 입는다. 또 다른 생존자인 초띠 중위의 부축을 받아 인근에 아리당이라는 마을에 들어가 치료를 받게 된다. 이 마을은 여주인공 이옥분이 살고 있는 마을이다. 퐁판 대위는 바로 옥분의 집에서 치료를 받는데 간호하던 옥분과 사랑에 빠지게 되고 전쟁 중에 결혼하게 된다. 두 사람의 결혼을 달갑지 않게 여기는 한 사람 있었는데 바로 주완형 대위였다. 퐁판 대위는 주 대위가 옥분의 애인이라고 생각했는데 옥분은 주 대위를 자신의 오빠라고 하였다.

그 후 1953년 7월 27일 휴전이 되자 퐁판 대위는 태국으로 돌아가야만 했는데, 옥분의 가족들을 데리고 갈 수 없었다. 그래서 3개월 안으로 데리러 오겠다는 약속만을 남기고 떠났다. 태국에 돌아온 후 퐁판 대위는 여러 가지 일에 쫓기다 보니 한국의 가족을 찾아갈 기회를 만들지 못했고, 어느덧 3년이라는 시간이 흘렀다. 마침내 퐁판은 예편을 하고 옥분을 찾아가기로 결심했지만, 여러 가지 예기치 못한 문제가 생겨 일이 여의치 못하게 되었다. 때마침 어머

니가 사고를 당하고, 집안에서 소개해 준 리라눗 선생과 한국 식당에 갔다가 주완형을 만나게 된다. 주완형은 사진을 찍어 한국의 옥분에게 보냈다. 이로 인해 풍판의 어머니와 리라눗이 풍판이 한국에 숨겨 둔 여자와 가족이 있다는 사실을 알게 되어 적지 않은 문제가 발생하였다.

어쨌거나 풍판은 한국으로 돌아와 옥분이 사는 동네에 도착했는데, 때마침 눈보라가 들이닥쳤다. 이때 옥분은 주완형으로부터 받은 사진 때문에 매우 상심하여 동네 뒷산 자락 있는 집에서 혼자 지내고 있었다. 그녀는 집 위로 무너져 내리는 눈을 피하려고 하지 않았다. 이때 옥분의 아버지는 뒤늦게 나타난 사위에게 두 발의 총을 쏘게 된다. 풍판이 옥분이가 있는 마을에 도착했을 때 옥분은 때마침 무너져 내리는 눈에 깔려 죽게 된다.

1980년의 영화 〈아리당〉은 1997년 텔레비전 드라마로 다시 만들어져 5번 채널에서 방영되었다. 기본적인 줄거리와 구성은 영화와 동일했으나, 주인공의 이름이 '옥분'에서 '수지'로, '주완형'은 '오지호'로 바뀌었다. 1956년에 발표된 노래 〈아리당〉은 25년의 시간을 뛰어 넘어 영화 〈아리당〉으로 탄생되었고, 그 후 15여 년이 지나 다시 텔레비전 드라마로 각색되었다. 역사적 기록물이 아닌 창조적 작업으로서의 〈아리랑〉, 〈아리당〉은 먼 나라에서 일어난 전쟁, 참전한 군인들의 외로움, 낯선 땅에서 싹트는 사랑이라는 감정 등 태국인들이 갖고 있는 한국전쟁과 한국에 대한 이미지를 보여 주는 대표적 사례가 되었다. 따라서 태국인들에게 있어 '아리랑'은 한국의 전통민요 제목이 아니라 바로 그들 역사의 흔적이라 할 수 있다.

5) 정치 군사 교류

해방 이후 한국이 남과 북으로 갈리고 남한에 단독정부가 수립되자 태국 정부는 1949년 10월 한국 정부를 공식적으로 인정하였다. 이후 태국은 한국과 정치 군사적인 이해관계를 함께해 왔다. 이는 두 나라 모두 오랜 기간 군부 통치를 경험했으며 민주주의와 경제성장이라는 과제를 안고 있었다. 제2차 세계대전이 끝나고 세계는 미국 중심의 자유민주주의와 구소련을 중심으로 한 공산주의로 양분되면서 냉전 경쟁이 시작되었다. 한국과 태국은 냉전 질서 속에서 정치 군사적 유대를 강화했다. 한국전에 참전한 태국은 후에 베트남전에 개입하여 공군기지를 미국이 사용하도록 하고 파타야에 미군 휴양지를 건설하는 등 미국에 도움을 주었고, 한국은 미국 다음으로 많은 병력을 베트남에 파견하였다.

6) 태국과 미국의 관계

태국은 제2차 세계대전 당시에 미국과 영국에 선전포고를 한 바 있다. 그러나 쎄리타이 운동과 미국의 도움에 힘입어 종전 후 패전국의 지위에서 벗어나게 되었다. 이런 과정에서 태국은 친미 국가로 자리 잡게 되었다. 한국전이 발발하자 태국은 유엔의 요청을 받아 들여 육해공군 및 적십자단을 파견했다. 이로써 태국은 최초로 대내외에 반공주의 노선을 표방했다. 또한 한국전에 참전함으로써 다방면에서 미국의 원조를 받게 되었고 다음과 같은 협정을 맺었다.

표 2-1	미국의 대태국 지원 현황		
단위 : 천 달러			
미국 회기 년도	기술 지원	경제 및 국방비 지원
1952	7,200	
1953	6,500	
1954	8,800	
1955	4,600	29,700

자료 : 담롱탄디 (2008).

(1) 교육 문화 협정 : 1950년 1월 1일 체결한 협정으로, 교수 및 교사, 학생 그리고 연구원 교류를 통해 상호 문화적 이해를 도모하기 위한 것이다.

(2) 경제 기술 협정 : 1950년 9월 19일 체결한 협정으로, '경제 기술에 관한 특별 위원회'를 설치하기로 하고 미국이 8백만 달러를 원조하고 세계은행이 2,540만 달러를 원조하여 철도 건설, 부두 항안 보수, 상수도 건설 등에 사용토록 하였다. 이는 세계은행이 동남아에 지급한 첫 사례가 되었다.

(3) 군사적 지원 협정 : 1950년 10월 17일에 체결한 협정으로, 미국이 태국에 전략적 무기를 공급하고 전문 기술자를 파견하여 태국군의 훈련을 지원하도록 하는 내용을 담고 있다.

8) 한국과 미국의 관계

한국전이 끝난 뒤 한국과 미국의 경제적·군사적 관계는 매우 긴밀해졌다. 이후 한국은 동아시아에서 공산 세력의 남하를 억제하는 완충 지대의 역할을 하게 되었다. 한국은 미국과 1953년 한미 상호 방위 조약을 체결하였는데 "어느 한 나라가 외부 세력의 침략을 당하면 다른 한 나라가 돕는다"는 내용을 담고 있다. 또한 1966년 7월 9일에는 "주한 미군 지위에 관한 협정"을 맺었다(이후 1970년에 1차 개정을 거쳐 2000년에 2차 개정되었다). 주된 내용은 주한 미군 범죄행위에 대해 사법적 특권을 부여하는 것이다.

　　주한 미군은 1945년 9월 4일부터 한국에 주둔하기 시작하였는데 초기 주둔군은 7만2천 명 수준이었다. 본래는 일본군의 무장해제와 한국 정부 수립을 감독하기 위해 일본군 기지가 있던 용산에 미군 기지가 건설되었다. 주한 미군에 의한 군정이 시작되고 1948년 8월 15일에 한국 정부가 수립되자 같은 해 9월부터 미군 철수가 시작되었다. 그러나 1950년 한국전쟁이 발발하면서 미군이 다시 개입하였다. 초기에 일본에 주둔하고 있던 미군이 들어오고 나중에는 본토에서 참전하기에 이르렀다. 미군은 육해공군과 지원부대를 통해 36만 명이 참전하였는데 3만3,625명이 사망하고 10만5,785명이 부상당했다. 또한 7,852명이 실종되었다.

　　1953년 한국전쟁이 끝난 뒤, 미군 철수가 시작되었다. 그러나 한미 상호 방위 조약에 따라 4만 명이 잔류하여 주둔하고 있었다. 이들은 대부분 휴전선과 비무장지대 부근에 배치되었다. 1970년대 들어 닉슨 독트린이 발표되고 아시아에서 미군의 역할을 감소시키기 위해 철수가 시작되었다. 미군은 3만 명까지 줄어들었으나 1978년 한미 동맹이 강조되고 이에 따라 1989년부터 주한 미군은 3만2천 명으로 늘었다가 최근에는 2만8,500명으로 다시 줄었다

9) 태국과 북한의 관계

　　태국이 한국전쟁에서 남한을 도와 북한과 싸우기는 했지만 북한과

적대적인 위치에 있었던 것은 아니다. 태국 특유의 불교 사상을 기반으로 한 외교정책은 일반적으로 중도적 노선을 따른다. 아직까지도 태국인의 대부분은 남북한 모두에 우호적이며, 한류의 영향을 받기 이전까지만 해도 남한과 북한을 정확히 구분하지 못했다. 인삼과 한복만으로도 남한과 북한에 대해 충분히 좋은 인상을 가지고 있었기 때문이다 (담룽탄디 2008). 태국에서는 북한을 쏨댕(โสมแดง : 홍삼), 남한을 쏨카우 (โสมขาว : 백삼)라고 부르는데, 인삼이 가장 잘 알려진 한국 특산품이었기 때문이다. 북한을 홍삼이라고 부른 것은 공산주의를 상징하는 것으로 보인다.

태국이 북한과 실질적인 교류를 맺은 것은 1972년이다. 무역과 스포츠 방면에서 시작하여 1974년에 교류를 전면 개방했다. 다음해인 1975년 5월 8일 태국은 북한과 정식 수교를 맺었으며, 1978년 12월 25일 양국은 무역협정을 체결하고 태국 내에 북한 무역 대표 사무실이 개설되었다.

수교 후 초창기에 북한은 태국과의 관계를 긴밀히 하기 위해 많은 노력을 쏟았다. 북한은 태국의 정치인들을 포함하여 태국 정부와 민간 부문의 인사들을 북한으로 초청, 친교를 쌓는 한편 자국의 문화를 태국에 알리기 위해 평양예술단 등의 태국 공연을 추진하였다.

1983년 전두환 대통령의 동남아 순방 시에 미얀마 랑군에서 일어난 북한의 테러로 많은 인명 피해가 발생하자 태국 외무부는 같은 해 11월 22일 북한과 모든 외교 관계를 잠정 중단하였다. 이로 인해 태국과 북한 간의 인적 교류를 비롯한 외교 관계가 중단되었다가 1984년 12월 7일부터 다시 공무원 간의 상호 초청 방문 등을 포함한 일부 교류가 제한적으로 재개되었다. 1988년 북한의 김영남이 태국 주재 북한 대사관 설치를 의논하기 위하여 태국을 방문하였고, 3년 뒤인 1991년 3월 15일 태국 주재 북한 대사관이 방콕에 설치되었다. 그러나 태국은 아직 평양에 대사관을 설치하지 않고 있어서 베이징 주재 태국 대사관이 함께 업무를 맡아보고 있다.

김영남은 2002년 2월 28일부터 3월 3일까지 다시 태국을 방문하여 당시 탁신 친나왓 총리와 회담을 갖고 다음과 같은 합의를 이끌어 냈다.

(1) 북한의 나진-선봉 공업단지에 투자한 태국의 록슬리 퍼시픽(Loxley Pacific, Loxpac) 사와 짜른포카판(**เจริญโภคภัณฑ์** : CP) 사가 이익을 창출하고 국내 산업 투자의 안정성을 도모하기 위해 북한 내 외국 투자가들의 투자 규제에 합의한다.

(2) 두 나라는 상호 문화 교류에 합의한다.

(3) 태국은 북한과의 정보 교류에 합의한다. 태국은 북한과 관련하여 항상 중도적 보도를 함으로써 북한의 신뢰를 쌓았고 이로써 태국과의 정보 교류가 더욱더 활발히 이루어지게 되었다.

태국은 또한 아세안지역포럼(ARF)의 회원국으로서 북한을 지원하는 데 중요한 역할을 수행하였다. 북한은 이에 대해 태국 측에 사의를 표하고 북한이 재난을 당했을 때 태국이 원조해 준 것에 대해서도 감사의 뜻을 전달했다. 태국은 2년 상환 조건으로 북한에 쌀 30만 톤을 수출하는 데 합의하였다. 여기에는 북한이 태국에 갚아야 하는 부채 650만 달러를 청산하는 조건도 포함된 것이었다. 또한 태국은 북한의 빚을 삭감해 주는 조건으로 북한으로부터 석탄을 수입하기로 합의하

표 2-2 | 태국의 대북한 연도별 수출입 현황

단위 : 백만 달러

구분	2010년	2011년	2012년 (1~5월)	2012년 증감률(%)
총 거래	50.8	36.6	19.3	6.6
대북 수출	29.5	24.1	9.5	-25.5
대북 수입	21.3	12.5	9.8	83.2

자료 : 태국정보통신기술센터(Information and Communication Technology Center with Cooperation of the Customs Department).

였다. 북한은 태국 총리에게 공식적으로 북한을 방문해 줄 것을 요청했으며 태국은 기회가 된다면 적당한 시기에 총리가 북한을 방문하겠다고 답했다. 김영남은 태국 외에도 캄보디아, 라오스, 베트남을 차례로 공식 방문하여 이들 국가와의 관계를 돈독하게 하고자 하였다.

경제적인 측면에서 보면 북한이 정치 외교적으로 태국과의 관계를 긴밀하게 하고자 다각적인 노력을 기울였음에도 불구하고 교역 증대에는 한계가 있을 수밖에 없었다. 무엇보다 북한의 경제 사정이 좋지 않아 태국 상품을 수입할 여력이 많지 않고 태국과의 교역에서 늘 무역 적자를 기록했다.

〈표 2-2〉에서 보는 바와 같이 2012년 1~5월간 태국과 북한 간 총 거래 규모는 전년 동기 대비 6.6% 증가한 1,930만 달러로 나타났다. 또한 대북 수출 규모는 전년 동기 대비 25.5% 감소한 950만 달러, 대북 수입 규모는 전년 동기 대비 83.2% 증가한 980만 달러를 기록했다. 최근 몇 년 동안 태국과 북한의 교역 규모는 줄어들고 있는데 이는 국제경기 침체, 북한 경제의 어려움 등에 따른 것으로 보인다.

북한에 수출하는 태국 제품은 설탕, 고무, 철강 등인데 전체적으로 여전히 수출에서 큰 비중을 차지하고 있으나 수출 성장률은 2011년

1~5월 기간 동안 모두 마이너스 성장을 기록하고 있다. 최근 대북한 수출이 급증한 품목은 동식물성 기름, 폴리머, 제지, 기계 및 부품, 전기기기 및 부품, 의료기기 등으로 나타났다.

태국이 북한으로부터 수입하는 주요 제품은 화학제품, 철강 제품, 철광석, 금속 기계류 등이 대부분을 차지하고 있다. 최근 수입이 크게 증가한 품목은 화학제품, 전기기기 및 부품, 케이블 등이며 수입이 감소한 품목은 철강 제품, 철광석, 플라스틱 제품 등이다.

4. 정상회담과 인적 교류

한국과 태국의 정상 회담은 꾸준히 이루어져 왔다. 한국 측에서는 1966년 2월 박정희 대통령이 태국을 공식 방문한 것을 시작으로 1981년 7월에는 전두환 대통령이 태국을 공식 방문하였다. 1996년 3월에는 김영삼 대통령이 아시아유럽정상회의(ASEM) 참석차 태국을 방문하였고, 2003년 10월에는 노무현 대통령이 아시아태평양경제협력체(APEC) 정상 회의 참석차 태국을 방문하였다. 2009년 4월과 2009년 10월에는 이명박 대통령이 동남아국가연합 관련 정상 회의 참석차 태국을 방문하였다.

한편 태국 측에서는 1967년 4월에 태국의 타넘 낏따카쩐(ถนอม กิตติขจร, Thanom Kittikachorn) 총리가 공식 방한 한 것을 시작으로 1977년 9월에는 타닌 끄라이위치안(ธานินทร์ กรัยวิเชียร, Thanin Kraiwichien) 총리가 한국을 방문하였으며, 1981년 11월에는 쁘렘 띤쑨라논(เปรม ติณสูลานนท์,

표 2-3 | 한태 정상 교류 일지(1966~2012년)

방문 시기	방문 인사
1966년 2월	박정희 대통령
1967년 4월	타넘 낏띠카쩐 총리
1977년 9월	타닌 끄라이위치안 총리
1981년 7월	전두환 대통령
1981년 11월	쁘렘 띤쑨라논 총리
1994년 6월	추안 릭파이 총리
1996년 3월	김영삼 대통령(아시아유럽정상회의 참석)
2000년 10월	추안 릭파이 총리(아시아유럽정상회의 참석)
2003년 8월	탁신 친나왓 총리[태평양경제협의회(PBEC) 총회 계기]
2003년 10월	노무현 대통령(아시아태평양경제협력체 정상회의)
2005년 5월	탁신 친나왓 총리(제6차 정부혁신세계포럼)
2005년 11월	탁신 친나왓 총리(아시아태평양경제협력체 정상회의)
2009년 4월	이명박 대통령(동남아국가연합 관련 정상회의)
2009년 6월	아피씻 웨차치와(한-아세안 특별정상회의)
2009년 10월	이명박 대통령(동남아국가연합 관련 정상 회의)
2012년 3월	잉락 친나왓 총리(2012 서울 핵안보정상회의)
2012년 11월	이명박 대통령

Prem Tinsulanond) 총리가 한국을 방문하였다. 추안 릭파이(ชวน หลีกภัย, Chuan Leekpai) 총리는 1994년 6월, 1999년 4월, 2000년 10월에 한국을 방문하였고, 탁신 친나왓(ทักษิณ ชินวัตร, Thaksin Shinawatra) 총리는 2005년 5월과 2005년 11월에 한국을 방문하였다. 최근 들어서는 아피씻 웨차치와(อภิสิทธิ์ เวชชาชีวะ, Abhisit Vejjajiva) 총리가 2009년 6월에 한국을 방문했고 잉락 친나왓(ยิ่งลักษณ์ ชินวัตร, Yingluck Shinawatra) 총리가 2012년 3월에 서울 핵안보정상회의 참석차 한국을 방문하였다.

한국과 태국의 정상회담은 박정희 대통령의 태국 방문으로 시작되었다. 박 대통령은 1966년 2월에 12일간의 일정으로 대만과 태국 그리고 말레이시아를 순방하였다. 2월 10일 태국을 방문한 박 대통령은 태국의 승리 기념탑에 헌화하고 오후에는 푸미폰 국왕과 씨리킷 왕비를 예방하고 훈장을 교환하였다. 이 자리에서 박 대통령은 국왕 부처의 방한을 초청하고 즉석에서 승낙을 받았다. 박 대통령은 태국 총리 관저에서 타넘 낏띠카쩐 총리와 한태 정상회담을 가졌는데 아시아 정상회담과 동남아 및 서부 태평양 회담 개최, 정기적인 한태 양국 각료 회담 개최, 월남 국민에 적극적인 공동 지원, 문화 협정 조속 체결, 푸미폰 태국 국왕 부처의 방한 초청 수락, 문화 사절단 교환 등에 합의했다.

박 대통령이 태국을 방문하던 당시에는 한국과 동남아는 중국의 위협하에 있었다. 태국도 한국전쟁에 참전하기는 했지만 말레이시아와 더불어 한국에게는 아직 낯선 나라였다. 박 대통령은 수뇌급 회담을 통해 동남아 정상회담이나 외상 회담 등을 추진하여 한국과 동남아에 대한 중국 세력의 침투 저지 협의 등, 공동의 운명과 공동의 이익을 추구하는 데 새로운 계기를 마련하고, 장차 동남아 자유 사회의 결속에 튼튼한 기초 작업을 한 것으로 평가되었다. 이러한 박 대통령의 노력은 경제적으로는 태국을 비롯한 대만과 말레이시아 간의 상호 경제 협력 관계에 공헌하기도 했다. 당시에는 이들 국가 대부분이 개발도상국이었던 까닭에 경제성장에 총력을 기울이고 있던 시대였다.. 당시 박 대통령이 순방한 세 나라에 대한 한국의 수출 총량은 6백만 달러로 전년도 전체 수출량의 3% 정도였으며, 이들 나라에서 사들이는 수입 총액은 650만 달러에 불과했다. 이러한 시기에 박 대통령의 순방 외교로 대만과는 동남아 진출에 있어 과다 경쟁을 지양하고 상호 협조하는 데 합의했고, 태국과 말레이시아와는 공동투자로 생산 공장을 설립하기로 하는 등 전반적인 통상과 기술 협조의 증진에 합의함으로써 상호 유대 발전에 대한 기대감을 갖게 했다.

박 대통령의 태국 방문에 이어 태국의 타넘 낏띠카쩐 총리가 1967년 4월 2일 한국을 방문했다. 당시 태국은 1958년 군부 쿠데타 이후로 국민들의 정치 활동이 금지된 채 군정하에서 경제개발을 통한 근대화에 주력하던 시기였다. 따라서 산업구조나 외교정책 그리고 국내 정치상황 등 여러 가지 측면에서 공통점이 많았다. 한국은 미국의 요청에 의해 월남에 국군을 파병해 놓고 있는 상태였으며, 태국은 북쪽으로 중국과 근접해 있어 파병은 하지 못하고 있었지만 미국에 공군기지를 빌려주고 월남 조종사 훈련을 담당하는 등 간접적으로 지원하고 있었다. 또한 한국전에 참전했던 태국군은 1개 중대의 병력이 아직 한국에 남아 있었다. 타넘 총리는 정일권 당시 국무총리와 함께 발표한 공동선언문을 통해 월남의 평화를 회복하기 위한 노력을 계속할 것을 다짐하고 월남전 해결을 위한 협상에는 희생을 치른 모든 참전국이 참여할 권리와 책임이 있다고 천명하였다. 또한 유엔군의 일원으로 한국에 주둔하고 있는 태국군 부대가 계속 머물도록 하겠다고 확약하였다. 아울러 한태 양국은 무역과 기술협력을 증진하고 합작 투자의 가능성을 모색하며 양국 간의 문화 교류 및 인사 교류를 장려하기로 합의하였다. 당시 통역을 맡았던 최창성(현 한국외국어대학교 명예교수)은 당시의 분위기를 다음과 같이 회고했다.

당시에는 한태 간의 어떤 이해관계나 갈등 같은 것이 없었던 시기였다. 박정희 대통령과 타넘 총리 모두 군인 출신인지라 서로 의기투합하는 듯이 보였다. 대부분 의견 일치를 보았고 대화는 일사천리로 진행되었다. 타넘 총리가 정일권 국무총리와 면담할 때에도 마찬가지였다. 나중에는 타넘 총리가 자신이 요리를 즐겨 하며 주말이나 여가 시간에 앞치마를 두르고 직접 음식을 만든다고 소개하자 정일권 국무총리는 다소 의아해 하기도 했다. 태국에서는 남자가 요리하는 경우가 비교적 흔한 편인데 정 총리는 이런 태국 문화를 미처 이해하지 못하고 있던 것 같았다. 태국의 전 총리였던 싸막 쑨터라윗(**สมัคร สุนทรเวช**)도 요리를 좋아해서 음식을 즐겨 만들었다. 싸막 총리는 헌법재판소의 판결에 의해 총리직에서 물러나게 되었는데 그가 총리가 되기 이전에 출연했던 한 방송사의 요리 프로그램에 출연하여 출연료를 받은 것이 화근이 되었다. 태국 헌법에는 총리는 다른 직업을 갖지 못하는데 싸막 전 총리는 총리가 된 후에도 요리 프로그램에 출연하여 출연료를 받았던 것이다.

타넘 총리에 이어 타닌 끄라이위치안 총리가 1977년 9월 11일 최규하 당시 국무총리의 초청으로 한국을 방문했다. 타닌 총리는 박정희 대통령을 예방하여 한반도 및 동북아 정세 그리고 한국의 대아세안 협력 강화 문제 등에 관해 의견을 교환하고 최규하 총리와 두 차례 회담을 통해 양국 간의 통상 증대와 합작 투자 그리고 다방면의 교류 확대 방안에 대해 논의하고 양국의 정치·경제·문화 등 각 분야에 걸친 기존의 우호 관계 및 미군 철수에 따른 동북아 안보 정세에 대해 의견을 같이 했다.

두 번째로 태국을 공식 방문한 한국의 국가원수는 전두환 대통령이었다. 전두환 대통령은 1981년 6월 25일부터 14박 15일 일정으로 동남아를 순방했는데 태국은 네 번째 국가로 7월 3일부터 6일까지 3박 4일간 방문했다. 7월 3일 방콕의 던므앙 공항에 도착한 전두환 대통령은 태국의 푸미폰 국왕 부처의 영접을 받았다. 전두환 대통령은 그날 저녁 만찬 답사에서 '오늘날처럼 불안한 국제 환경하에서 자유·평화·번영이라는 공통의 이념과 가치를 추구하는 우호 국가들 간의 상호 긴밀한 협력이 무엇보다 절실하다'고 언급하고 '이러한 긴밀한 협력과 유대 강화야말로 국가 간의 관계를 평화롭게 유지시키며 각국으로 하여금 자국에 맞는 경제개발과 정치 안정을 가능케 하고 국민 복지와 사회정의를 실현케 하는 데 도움을 줄 것'이라고 강조하였다. 이어서 전두환 대통령은 '태국과 우리 한국은 안보 면에서는 물론 같은 개발도상국가로서 상호보완적인 협력의 확대가 두 나라의 국가 이익 증진을 위해서도 매우 소망스러운 일임에 틀림없다'고 역설하였다. 이에 태국의 푸미폰 국왕은 '국내 경제와 국제 무역 기술 향상 그리고 모든 분야에서 우월한 지위를 확보하기 위하여 한국이 그동안 단합된 노력으로 이룩한 성공적인 발전은 감동적이고 세계 여러 나라, 특히 오늘날 발전 과정을 밟고 있는 국가들에게 깊은 인상을 주고 있다'고 한국의 발전상에 대해 치하했다.

다음 날 태국 왕실은 정중하게 전두환 대통령이 태국의 농촌을 돌아볼 것을 요청하였다. 이를 흔쾌히 수락하여 전두환 대통령 내외는 태국 국왕 부처 및 쁘렘띤 쑨라논 총리와 함께 헬기편으로 태국과 캄보디아 국경 지대에서 48킬로미터 떨어진 지역의 농촌 개발 사업 현장을 시찰하게 되었다. 변경된 일정으로 인하여 태국 국왕 및 총리와의 정상회담은 현장으로 이동하는 차안에서 시작되어 오찬 시간까지 이어졌다. 이날 양국 정상 간에는 두 나라의 지역 정세 및 국제 정세에 대한 전반적인 의견 교환이 이루어졌다. 당시 언론 보도에 따르면 남북 최고 책임자 간의 직접 대화를 통해 통일에 접근하려는 한국 정부의 평화통일 노력과 남북한 동시 유엔 가입에 대한 태국의 지지와 국제사회에서의 상호 협력 문제를 폭넓게 논의한 것으로 알려졌다. 또한 양국 정상들은 두 나라 무역의 균형적인 확대 방안과 아울러 자본과 기술협력 등 태국의 제5차 경제사회 개발계획에 대한 한국의 협력 증대와 투자 보장 문제 그리고 태국의 농촌 근대화를 위한 한국의 기술 지원 문제 등을 논의하였다. 태국은 국왕의 주도하에 1974년부터 자족 경제 운동을 벌였다. 이는 농촌 지역 개발 운동으로 시작하여 나중에 국가의 지속 가능한 개발 운동으로 변화 발전되었는데 태국이 금융 위기를 겪으면서 더욱 관심을 받게 되고 2007년에 헌법에 수용되었다(쎈크언 춘티차 2010). 당시 푸미폰 국왕은 한국의 새마을운동을 염두에 두고 전두환 대통령에게 자국의 자족경제 현장을 돌아보게 한 다음, 이에 관한 의견을 교환하고 싶었던 것으로 생각된다.

7월 5일 저녁 전두환 대통령은 태국 외신 기자클럽에서 한 연설을 통해 한반도 정세를 설명하고, 이번 동남아국가연합 5개국 순방을 통해 협력 확대의 필요성과 가능성에 대해 각국 지도자들과 의견을 나누었으며, 본인과 의견이 일치했다고 밝히면서, 대한민국 정부와 국민은 동남아국가연합과의 협력 관계를 심화하고 공동으로 번영을 추구하는 새 시대가 개막되기를 희망한다고 말했다. 또한 한국과 동남아국가연합 국가들의 경제가 상호 보완적인 관계에 놓여 있다고 말하고, 동남아국가연합 회원국들은 풍부한 자연 자원을 가지고 있으며 한국은 기술개발과 재정 및 건설 면에서 이들 회원국들과 협력을 추진할 수 있을 것이라고 덧붙였다. 그해 8월 12일 태국의 씨리킷 왕비는 자신의 생일날 대국민 연설을 통해 '한국의 전두환 대통령은 진지하고 소박한 분이었으며 훌륭한 지도자로서의 풍모를 풍겼다'고 회고하면서, 전두환 대통령의 태국 방문으로 한국에 대한 태국 국민들의 관심이 높아졌다고 평가했다.

한국을 찾은 세 번째 태국 국빈은 쁘렘 띤쑨라논 총리이다. 전두환 대통령이 태국을 방문했던 1981년 11월 8일 쁘렘 총리가 방한했다. 쁘렘 총리는 11월 9일 전두환 대통령을 예방하고 전두환 대통령의 동남아국가연합 순방으로 다져진 한태 우호 협력 증진 방안을 포함한 양국 간의 공동 관심사와 제반 문제에 대해 폭넓게 논의하였다. 당시 남덕우 국무총리와 가진 양국의 총리 회담에서는 양국이 처해 있는 지역 정세를 감안하여 두 나라 간의 정치·안보·경제·통상 등 각 분야에서 상호 협력을 강화해 나가기로 합의하였다. 이 자리에서 남덕우 총리는 한반도 주변 정세와 1·12 및 6·5 대북 제의 내용과 배경을 설명하고 국제사회에서 한국 측 입장을 지지해 줄 것을 요청했고, 쁘렘 총리는 태국의 5차 5개년 계획 및 철도 현대화 5개년 계획을 설명하고 한국 기업의 참여를 요청하였다. 쁘렘 총리는 내외신 기자회견을 통해 유엔에서 한국 문제가 거론될 경우 한국의 입장을 명확히 지지하겠다고 밝히고 한태 양국의 경제는 상호보완적인 관계가 있음을 강조하면서, 태국은 농산물 교역 확대, 조선공업 및 수출 지향 분야에서의 합작 투자 확대, 건설 분야에서의 대 중동 진출 등을 강력히 희망하고 있다고 말했다. 쁘렘 총리는 한국을 떠나기에 앞서 경기도 운천리에 위치한 태국군 참전 기념탑에 헌화하고 수원에 있는 새마을 연수원을 돌아보기도 했다.

한태 간의 정상회담은 1994년 6월 추안 릭파이 태국 총리가 방한하면서 재개되었다. 추안 총리는 6월 24일 청와대에서 김영삼 대통령과 정상회담을 갖고 두 나라 간의 경제 협조를 강화하기 위해 한태경제공동위원회를 발족시키기로 했다. 김영삼 대통령은 추안 총리에게 한국의 투자 진출을 위해 태국 측이 여건을 조성하고 관세율을 추가 인하해 줄 것을 요청했다. 추안 총리는 이를 호의적으로 검토하겠다고 답한 뒤, 한국이 추진 중인 남북 정상회담의 성공을 기원한다면서 태국이 필요한 경우에 돕겠다고 말했다.

1999년 4월 추안 릭파이 총리가 다시 한국을 방문했다. 이때 태국은 1997년 8월부터 시작된 금융 위기를, 한국은 외환 위기를 겪고 있었다. 이 정상회담은 양국이 경제난 극복 경험을 공유하고 전통적인 우호 관계를 증진하기 위해 김대중 대통령이 추안 총리를 초청하면서 이루어졌다. 김대중 대통령은 추안 수상과 정상회담을 갖고 경제·통상·안보 등 각 분야에서 두 나라 간의 협력을 강화해 나가기로 했다. 김대중 대통령이 최근의 남북 정세에 대해 설명하고 대북 포용 정책의 필요성을 역설하였다. 추안 총리는 한국의 대북 정책에 대한 국제사회의 지지가 확산되도록 최선의 노력을 기울이겠다고 화답했다.

두 나라 정상은 13개 항으로 된 공동 성명서를 발표했는데 주된 내용은, 한태 양국이 남북한 간의 화해와 협력 증진에서 남북대화의 절대적 중요성을 인식하고, 4자 회담의 순조로운 진전과 "남북 사이의 화해와 불가침 및 교류 협력 합의서" 이행의 중요성을 재확인한다는 것이었다. 또한 행정과 입법 그리고 사법부 등 정부와 민간 부분의 교류를 확대하고 민간 협력 기구인 한태경제협력위원회를 활성화하고 제3국 관광객들의 한국과 태국 여행을 적극 장려하기로 하였다. 또한 안보 분야에서는 한태 양자 및 지역 안보 문제에 대해 정기적인 대화를 포함하여 다양한 분야에서 국방 협력을 강화해 나가기로 하였다. 경제협력과 관련해서는 양국 간 무역 및 수출 신용 상호 보증을 확대하고 교역·투자·해운·농업 분야의 관세 및 비관세 장벽을 비롯한 장애 요소를 완화 또는 철폐해 나가기로 합의했다.

정상회담 뒤에 이어진 확대 회담에서 추안 총리는 태국이 현재 금융 위기로 고통받고 있으며 한국에서 태국의 농수산물을 적극 수입해 준다면 고통 완화에 도움이 될 것이라고 역설하면서 수입 절차를 간소

화해 줄 것을 간곡히 요청하였다. 당시 통역을 맡았던 정환승(현 한국외국어대학교 태국어통번역학과 교수)은 당시 상황을 다음과 같이 술회했다.

추안 총리는 김대중 대통령과 정상회담에서 처음부터 김 대통령의 리더십을 높이 평가했으며, 자신에게는 큰형님과 같은 분이라고 깍듯이 대했다. 태국의 금융 위기 상황을 설명하면서 여러 차례 한국의 도움을 요청했다.

정상회담이 끝나고 관계 장관을 배석시켜 확대 회담이 시작되자 추안 총리는 다시 한 번 한국의 도움을 요청하면서 특히 태국산 해산물과 과일류 등의 비관세 장벽 문제를 해소시켜 줄 것을 간곡히 호소했다. 김 대통령이 뚜렷한 언급이 없자 다시 한 번 관계 장관에게 대통령께서 직접 지시하셔서 앞에서 언급한 문제를 해결해 달라고 말했다. 김 대통령이 다소 난감한 표정을 지으며, 총리께서 이번 방한에 준비를 단단히 하고 오신 것 같다고 하자, 추안 총리는 엷게 미소 지으며 김대중 대통령은 자신에게 큰형님과 같은 분이라서 부담 없이 말씀 드리는 것이라고 답했다.

추안 총리의 어법은 이례적인 것으로 보일 수도 있지만 인간적인 소탈함을 바탕으로 우방국 대통령에게 다가가서 국익을 도모하려는 추안 총리의 일면과 더불어 21세기 달라진 한국과 김대중 대통령의 국제적 지위와 위상의 일면을 드러내 주는 것으로 보였다.

추안 총리의 방한으로 이루어진 한태 정상회담의 내용은 "한태 21세기 행동강령에 대한 공동 성명"으로 구체화되었다. 이 행동강령은 법적인 구속력은 없지만 한태 양국의 정치·외교·안보·통상 등 다방면에 걸친 양국의 협력 방안을 포괄적으로 규정하고 있다. 이로써 한국은 동남아국가연합의 중심 국가인 태국과 좀 더 다양한 지역 협력 및 교류를 할 수 있는 기본 틀을 마련했다.

2000년대 들어 한태 정상회담은 2005년 5월 24일 탁신 친나왓 총리의 방한으로 이루어졌다. 탁신 총리는 정부혁신세계포럼에 참석하고자 한국을 방문해 노무현 대통령과 정상회담을 가졌다. 두 정상은 양국의 실질적인 협력 증대와 국제사회에서의 협력 방안, 그리고 정부혁신 등 상호 관심사에 대해 환담했다. 노무현 대통령은 서두에서 당일 오전에 있었던 탁신 총리의 개막식 연설 내용에 대해 공감을 표시하고, 태국이 최근 도입한 실시간 정부 재정지출 감시체계인 '정부 재정 관리 정보 체계'를 높이 평가한다고 말했다. 탁신 총리는 정부 혁신 세계 포럼에 초청해 준 것에 대해 감사의 뜻을 표하고 한국의 전자 정부 시스템에 높은 관심을 보였다. 또한 한반도 평화 정착을 위한 북한과의 우호 관계에 태국이 필요한 역할을 할 수 있음을 역설하였다.

노무현 대통령은 탁신 총리의 제안에 사의를 표하고, 남북 관계 진전을 위한 개성공단 개발 사업의 중요성을 설명하였다. 개성공단에 공장을 건설하고 북한 인력을 사용하고 있기는 하지만 생산 방식이 근본적으로는 남한의 기술과 시스템에 의해 생산되므로 한국-동남아국가연합 자유무역협정 체결 시 원산지 표기에 한국산으로 표기될 수 있도록 협조를 요청하였다. 탁신 총리는 이에 적극적으로 공감을 표시하고 개성공단이 남북 화해에서 차지하는 상징성을 잘 이해하고 있다고 화답하였다. 이 밖에도 두 나라 정상들은 한국인의 태국 관광 재개 문제, 태국산 과일 수입 확대, 태국인 근로자 처우 개선 등 두 나라 간의 실질 협력 문제에 대해 비교적 허심탄회하게 논의하였다. 당시 통역을 맡았던 정환승(현 한국외국어대학교 태국어통번역학과 교수)은 당시 상황을 다음과 같이 회고했다.

정상회담에서 탁신 총리는 노무현 대통령의 전자 정부 성과에 대해 찬사를 아끼지 않았다. 노무현 대통령이 탁신 총리에게 총리가 되기 전에 컴퓨터 사업으로 성공한 기업인으로 알고 있다고 말하자 탁신 총리는 지금은 컴퓨터 발달 속도가 너무 빨라 따라잡기 어렵다고 하면서 태국 정부도 E(전자) 정부에 관심이 많은데 한국은 벌써 U(유비쿼터스) 정부 시대로 들어섰다고 말했다.

탁신 총리는 노무현 대통령에게 많은 호감을 가지고 있는 듯 보였다. 저녁 만찬 시간에는 자신의 발 넓은 외교력을 과시하기도 했다. 부시 미국 대통령과 잘 아는 사이이며, 둘이 만나면 텍사스 방언으로 이야기한다고 하기도 하고, 동남아 정치 지도자들은 총리가 되기 이전부터 인간관계를 맺고 있다고 자랑했다. 특히 북한의 2인자인 김영남도 개인적으로 친분이 두터우며 김영남이 옛날에 태국에 쌀을 수입하러 왔을 때 태국 정부가 판매를 하지 않아 어려움에 처했는데, 사업을 하던 자신이 나서서 쌀을 구매해 준 일을 거론하며 필요하다면 남북 관계에서 자신이 어떤 역할을 하고 싶다는 의사를 피력하기도 했다.

또한 노무현 대통령에게 태국을 꼭 방문해 달라고 요청하기도 했다. 노무현 대통령이 지금 여러 가지 현안이 많아 시간 내기가 쉽지 않다고 말하자 대통령께서 방문하시기 어려우면 영부인과 자녀들을 방문하게 해달라고 재차 요청했다. 그러면 자신이 부인과 자녀들로 하여금 영접할 수 있도록 하겠다고 매우 진지하게 말했다. 심지어는 노 대통령에게 자신의 퍼스트 네임을 불러도 좋다고 이야기했다. 탁신 총리는 한국이 태국에 더 없이 좋은 경제적 동반자라고 인식하고 국가 발전을 위해 한국의 노무현 대통령과 좀 더 깊은 우정을 쌓고 싶어 하는 것 같았다.

이후 2005년 11월 탁신 친나왓 총리가 아시아태평양경제협력체 회담에 참석하여 노무현 대통령과 정상회담을 가졌으며, 2009년 이명박 대통령이 동남아국가연합과 관련하여 아피싯 웨차치와 총리와 정상회담을 가졌다. 그리고 최근 들어 2012년 3월 서울 핵안보정상회의에 참석차 방한한 잉락 친나왓 총리와 이명박 대통령이 정상회담을 가졌다. 이후 2012년 11월 10일, 이명박 대통령은 우리나라 정상으로는 31년 만에 태국을 공식 방문했다. 앞서 3월 잉락 친나왓 총리가 방한했을 당시 여주 남한강에 건설된 이포보 등을 직접 방문하고 한국의 선진적인 물 관리 기술에 큰 관심을 보인 바 있어, 11월 이 대통령의 공식 방문은 태국 정부의 대대적인 치수 사업 입찰에 참여하고 있는 수자원공사에 힘을 실어 주고, 이 대통령의 브랜드라고 할 수 있는 '4대강 사업'의 동남아 수출에 물꼬를 트겠다는 전략이 큰 비중을 차지하고 있었다. 이명박 대통령은 태국에 도착한 뒤 첫 공식 일정으로 태국군 한국전 참전 기념비를 찾아 헌화하고 참전 용사와 유가족에게 감사를 전했다. 잉락 친나왓 총리와의 정상회담에서는 양국 수교 55주년을 앞두고 더욱 긴밀한 우호 협력 관계를 위해 양국 관계를 '전략적 동반자 관계'로 격상하는 양해 각서를 체결했으며, 한국의 4대강 사업을 통한 경험과 기술력을 강조하였다. 당시 통역을 맡았던 박경은(현 한국외국어대학교 태국어과 교수)은 당시 상황을 다음과 같이 회고했다.

이명박 대통령과 잉락 친나왓 총리는 만남부터 가벼운 포옹으로 친밀함을 과시했다. 한 시간 이상 지속된 정상회담은 연신 화기애애한 분위기를 이어갔다. 이 대통령은 혈맹국인 태국에 먼저 감사를 표하며, 2011년의 극심한 수해와 태국 정부의 대규모 수자원 관리 및 홍수 방지 프로젝트 진행을 높이 평가하고, 한국 수자원공사의 참여에 대해 총리의 지지와 관심을 표명하였고, 잉락 총리는 한국 기업의 관심과 참여에 감사를 표하며 다른 여러 산업 분야에서도 많은 투자를 부탁했다. 또한 양국 간 교역을 2016년 내에 3백억 달러 규모로 확대하고 이를 위해 양국 정부 간 포괄적 경제동반자협정(CEPA) 체결을 위한 공동 연구를 추진하기로 하였다. 또한 고속철과 에너지 분야에서의 협력을 약속하고, 증가하는 인적 교류와 문화적 유대에 부응하기 위해 상호 문화원 개설을 약속했다. 잉락 총리 역시 저탄소 녹색 성장을 이룬 이명박 대통령의 공적을 치하하며 향후 양국 및 지역 내 우호 협력 관계의 발전을 희망했다.

양 정상 간의 담화는 오찬 장소에서 더욱 친밀해졌다. 오찬장에서 양국 정상은 정치와 국정뿐 아니라 개인적인 이야기에 이르기까지 끊임없는 이야기를 나누었다. 잉락 총리가 자신이 정계에 입문하고 총리에 취임한 후 현재까지 자신의 삶에서 가장 힘든 시기를 겪고 있다고 호소하자 이명박 대통령은 손을 잡고 다 이해한다며 함께 눈시울을 붉히며 공감했다. 친 오누이처럼 느껴진다고 말하며 이 대통령은 임기가 끝난 후에도 태국에 자주 오고 싶다고 말했고, 잉락 총리도 앞으로 이 대통령을 자문으로 모셔 이야기를 듣고 싶다고 말하며 친근감을 표했다.

잉락 총리는 오찬 내내 분주하게 무언가를 준비하는 듯 했다. 오찬이 끝나갈 무렵, 한 무리의 아이들이 나와 싸이의 노래 〈강남 스타일〉에 맞추어 춤을 추었다. 잉락 총리는 이 대통령을 위해 특별히 준비한 깜짝 선물이라고 말했고, 이 대통령은 매우 기뻐하며 공연이 끝나자 공연한 아이들에게 직접 꽃다발을 증정하며 감사를 표했다. 오찬이 끝난 후에도 두 정상은 헤어짐을 매우 아쉬워하며 다음 만남을 기약했다.

다음 날 이명박 대통령은 푸미폰 국왕의 수해 방지 및 관개 프로젝트의 일환인 랏포 수로(คลองลัดโพธิ์)를 방문했다. 방문 당시 공식 수행을 맡은 뿔럿

쁘라쏩 쑤라싸와디(**ปลอดประสบ สุรสวัดี**) 부총리는 수자원 및 수해 관리 위원회 위원장을 맡고 있으며, 태국 정부의 물 관리 사업 입찰 심사 위원장을 맡고 있었다. 랏포까지 왕복 약 세 시간의 운행 시간 동안 이명박 대통령과 쁠럿쁘라쏩 부총리는 물 관리에 관한 정책적 부분과 자세한 기술적 내용에 이르기까지 거의 한 번도 자리에 앉지 않고 열띤 대화를 나누며, 물 관리 사업에 대한 의지를 보였다.

이후 2013년 2월 25일, 박근혜 대통령 취임식 참석 및 양자 대화를 위해 한국을 찾은 잉락 친나왓 총리는 식전 축하 공연을 하는 싸이의 공연에 탄성을 지르며 자신의 휴대폰으로 사진을 찍는 모습이 생방송으로 전 세계에 방영되기도 했다. 박근혜 대통령 취임 이후 처음으로 맞이하는 외빈으로서 잉락 총리와의 정상 환담은 화기애애한 분위기에서 이뤄졌다. 양국 정상은, 한태 양국이 전통적 우방국이자 전략적 동반자로서 수교 이래 정치·경제·사회·문화 등 제반 분야에서 우호 협력 관계를 지속 발전시켜 온 것에 대해 만족하며, 향후 교역 및 투자, 수자원 관리와 고속철 등 인프라 건설 사업, 나아가 역내 및 국제무대에서의 협력과 지원을 합의하고, 여성 지도자로서 여성의 삶의 질과 권익 신장을 위해 지원하는 데 동의했다. 당시 통역을 맡았던 박경은(현 한국외국어대학교 태국어과 교수)은 당시 상황을 다음과 같이 회고했다.

잉락 총리는 환담장으로 올라가는 엘리베이터 안에서 박근혜 대통령에게 "텔레비전에서만 뵙다가 실물로 보니 너무나 반갑고 영광"이라면서 늘 자신의 정치 인생의 롤 모델로 존경해 왔다고 밝혔다. 박근혜 대통령도 바쁜 와중에도 취임식에 참석해 주셔서 감사하다면서 본인도 역시 TV를 통해서만 보다가 실물을 보니 너무 반갑다고 화답했다. 삼십분 정도의 짧은 환담은 양국 여성 지도자의 부드러운 카리스마로 화기애애한 웃음꽃으로 가득했다. 환담이 끝나 갈 무렵 잉락 총리는 금년 5월 태국이 주최하는 제2차 아시아태평양 물 정상 회의에 참석하여 한국의 선진적인 물 관리 기술을 소개하고, 그와 함께 태국을 공식 방문해 줄 것을 박근혜 대통령에게 청하기도 했다.

짧은 환담이었지만 두 여성 지도자는 서로에 대한 깊은 호감을 표명했다. 이어 5월 태국에서 열린 제2차 아시아태평양 물 정상 회의에는 정홍원 국무총리가 대통령 대신 참석하여 잉락 총리와 총리 회담을 가졌는데, 그 자리에서도 잉락 총리는 박 대통령이 태국을 직접 방문하지 못한 것을 매우 아쉬워하며, 다음 기회에라도 꼭 공식 방문해 주십사 하는 청을 정 총리를 통해 전달하였다.

5. 한태 정책 협의회 및 한태 공동위원회

한태 정책 협의회는 1991년 이상옥 외무장관이 태국을 방문하였을 때 태국 아싸 쌀라신(อาสา สารสิน, Arsa Sarasin) 외무장관과 합의하여 양국이 개최하기로 합의하였다. 이에 따라 1992년 12월에 제1차 한국·태국 정책 협의회를 서울에서 개최했고, 1998년 6월에 제2차 한국·태국 정책 협의회를 방콕에서 개최했다. 한태 공동위원회는 1998년 7월 쑤린 핏수완(สุรินทร์ พิศสุวรรณ, Surin Pitsuwan) 외무장관이 한국을 방문하였을 때, 외무장관을 수석대표로 하는 한국·태국 공동위원회 설립 협정에 서명함으로써 설치되었다. 이에 따라 2003년 6월에 제1차 공동위원회가 개최되었다. 이 외에도 한국·태국 군수 공동위원회가 1991년 이후 연 1회 개최되고 있다.

1) 한국·태국 우호 협회 및 단체

한국과 태국의 주요 우호 협회 및 단체로는 양국 간에 각각 의원 친선 협회가 있다. 2009년 7월에 한국-태국 의원 친선 협회가 구성되었다. 2010년 7월에는 한국 측 의원단이 태국을 방문하였고, 2010년 10월에는 차이 칫첩(ชัย ชิดชอบ, Chai Chidchob) 태국 국회의장이 공식 방한하였다. 1977년에는 한국·태국 상공회의소(KTCC)가 설립되었는데 현재 회원사가 1백여 개사에 달한다. 1952년 3월 24일에는 태국에 한국전 참전 용사회가 결성되었는데, 회원은 약 4천 명이다(외교통상부 2009).

2) 다자 회의를 통한 한국·태국 고위 접촉

한국과 태국은 다자 회의를 통해서도 양국 간 협력 관계 증진을 모색하고 있다. 동남아국가연합+3, 동아시아정상회의(EAS), 아시아태평양경제협력체 및 아시아유럽정상회의를 통해서는 양국 정상과 외교 장관 등이 회동하고 있다. 또한 동남아국가연합 확대외무장관회의 및 아세안지역안보포럼을 통해서는 외교 장관이 매년 7월에 회담을 갖고 있다. 아시아협력대화(ACD) 회의에서는 외교 장관이 만나며, 아시아태평양 경제사회위원회(ESCAP) 총회를 통해서는 외교통상부 통상교섭본부장이 대개 4~5월 사이에 만나서 양국의 현안을 논의하고 있다.

제3장

경제 통상 관계

태국은 한국과 무역협정, 이중과세방지협정, 투자보장협정 등을 체결하고 과학·기술·항공·해운 분야 등에서도 협정이나 약정을 체결하여 양국의 경제 통상 협력 증진의 기반을 확충하여 왔다. 특히 태국은 한국을 주요 경협 파트너로 인식, 무역과 투자 확대 등 경제 통상 관계 증진을 지속적으로 희망하여 왔다.

1. 한태 무역

한국과 태국의 무역이 시작된 것은 1961년 9월 15일 한태 통상협정이 체결되면서부터이다. 그러나 당시에는 두 나라 모두 농업국인 데다가 경제 규모가 작아 교역량은 미미한 수준이었으며, 양국 관계는 경제 통상 분야보다는 정치·군사 분야에서 활발했다. 경제 통상 관계가 긴밀해지기 시작한 것은 1970년대부터이다. 1970년대 들어 한국이 새마을운동과 경제개발 계획으로 경제 발전을 통해 신흥 공업국으로 부상하자 전통적인 농업국이었던 태국도 농촌 개발 운동과 공업화에 관심을 가지기 시작하였다. 한국의 새마을운동은 태국의 정치 지도자와 학자들의 관심을 끌었다. 많은 태국인들이 한국으로 새마을운동 견학과 시찰, 그리고 연수를 위해 방문했으며 태국의 농촌 개발 운동의 모델로 도입하고자 모색하였다.

1) 새마을운동

1950년대 태국은 주로 홍콩이나 대만 그리고 일본으로 농업 연수단을 파견하였다. 그 당시 이들 나라는 농업 기술 선진국이었으며, 중국은 공산주의 국가여서 교류가 없었고 한국은 일제의 식민지에서 벗어나 정부를 수립하고 얼마 안 되었을 때였다. 한국은 전쟁을 치르고 나서 온 국토가 폐허가 된 상태에서 재건 운동을 벌이고 있었다. 박정희 정권이 등장하면서 시작한 새마을운동은 농가의 소득을 증대시키고 삶의 질을 높여 주었다. 태국의 정치 지도자와 학자들은 새마을운동을 관심 있게 살펴보고 태국 내에 이를 소개하고 전파하였다. 아누썬 쌉마누(อนุสร ทรัพย์มนู)는 1977~78년 『새마을운동 : 4년 안에 가난을 탈출하기 위한 한국의 농촌 개발 운동』과 『태국의 새로운 삶을 위한, 4년 내 가난 탈출 운동』이라는 저서를 냈다. 저자는 새마을운동 사례를 통해 태국의 정부 지도자들이 농촌 문제에 진정성을 갖도록 하기 위해 저술했다고 밝히고, "새마을운동이 지구상에서 가장 좋은 운동이라고 할 수는 없을지라도 한국의 3만5천 개 부락을 4년 안에 가난으로부터 벗어나게 한 운동"이라고 극찬했다.

한국의 새마을운동이 알려지면서 새마을운동 현장 견학과 연수가 이어졌다. 1978년 6월에 지역개발과 농촌진흥 관련 태국 정부의 16개 부처 공무원으로 구성된 새마을 연수단이 한국을 찾았다. 이들은 새마을운동 현장을 돌아보고 연수를 마친 다음, 보고서를 통해 "새마을운동은 단순한 농촌 개발 운동이 아니라 정부와 국민이 합심하여 국가를 개발하기 위해 추진한 이상적 운동"이라고 언급한 후에 "국가정책에 대해 새마을 지도자는 대통령에게 직속으로 건의하거나 보고할 수 있으며, 대통령은 이를 검토하고 공정하게 해결해 줌으로써 소통을 통해 사회계층 간의 간극을 줄일 수 있었다."고 평가했다.

태국의 정부 지도자들도 새마을운동에 많은 관심을 가졌다. 쁘렘 띤쑨라논 총리는 1981년 11월 8~10일 사이에 방한하여 새마을운동 현장을 돌아보고 나서 한국 사람들이 해낸 것을 태국 사람들이 못할 이유가 없다면서 새마을운동을 농촌 개발 운동의 성공 사례로 보고 태국 농촌 개발 운동의 본보기로 삼을 것을 역설하였다. 이런 노력은 당시 태국에서 개최된 여러 세미나에서도 볼 수 있다. 1981년 10월에 태국의 국가교육위원회이 개최한 "생활 교사의 새로운 실천"이라는 주제의 세미나 발표집을 보면, 한국의 새마을운동을 소개하고 태국 농촌의 '가난에서 벗어나기 운동'에 활용할 수 있다는 내용이 나오며, 1985년 개최된 "한국 새마을운동의 태국 내 도입 가능성"이라는 주제의 세미나에서는 한국의 농촌 개발 모델이 이스라엘·덴마크·미국 등의 것보다 우월하며 태국에 적용시키기에 더 적합하다고 평가했다. 또한 '한국인은 할 수 있지만 태국인은 할 수 없다'고 주장하는 것은 변명에 지나지 않는다고 일축했다.

한국이 새마을운동을 통해 농촌을 개발하고 경제개발계획 5개년 계획을 거치면서 신흥공업국으로 성장함에 따라 한태 무역 구조는 빠르게 변화했다. 초기 한태 교역량은 미미한 수준이었으며, 태국의 무역 사무소도 일본 지사에서 한국을 관리하도록 했다. 그러나 1970년대 들어 두 나라의 교역량은 빠르게 성장하였다. 이 시기 교역을 보면, 한국은 태국에 전기제품과 기계류 등을 수출하고, 태국은 한국에 쌀과 고무 등 주로 1차 상품들을 수출하였다. 이런 무역 구조는 1970년대 후반 들어 태국의 대한국 무역 적자를 심화시키는 원인이 되었고, 이후 양국은 쌍무 무역협정을 체결하고 상호 최혜국 지위를 부여하는 등 자구책을 강구하였다. 또한 장관급 무역 회담을 정례화하고 민간 부문에서도 태국 상업회의소와 한국 상공회의소 간에 한태경제협력위원회를 구성하여 발족시켰다.

2) 교역량의 신장

양국의 교역량은 1980년대 후반 들어서도 지속적으로 성장하였다. 한국은 1994년 태국의 8번째 교역국으로 교역량은 641억1,700바트에 달했다. 이는 태국 전체 교역량의 2.6%에 해당하는 금액이다. 무역수지 불균형이 커지자 태국은 자국 상품에 대한 한국 시장의 추가 개방을 요구했다. 쑤랑씨 딴씨앙쏨(2009)은 당시 태국의 무역수지 적자 원인을 다음과 같이 분석하고 있다.

첫째, 태국이 한국에 수출하는 상품은 고무, 설탕, 전기회로, 컴퓨

표 3-1 | 한국과 태국의 교역량(1995~2004)

단위 : 백만 바트

구분	한국산 수입량	대한 수출량	교역량	무역수지 (태국 기준)
1995	61,643	19,937	81,580	-41,706
1996	67,991	25,661	93,652	-42,330
1997	68,718	30,808	99,526	-37,910
1998	61,921	25,743	87,664	-36,178
1999	66,816	34,498	101,314	-32,318
2000	87,171	50,834	138,005	-36,337
2001	94,243	54,560	148,803	-39,683
2002	108,459	59,828	168,287	-48,631
2003	120,643	65,674	186,317	-54,969
2004	144,350	74,384	218,734	-69,966

자료 : 쑤랑씨 딴씨앙쏨(2007).

터와 기자재 부품, 커피, 털실, 냉동 새우와 게, 과일 통조림 등 농산품과 원자재인 데 비해 한국이 태국에 수출하는 상품은 기계류와 전자 제품 그리고 자동차 등 상대적으로 고가품이었다.

둘째, 양국의 교역량이 빠르게 성장하나 이것은 상당 부분 한국의 기계류 수출이 증가한 것에 기인한 것인데, 한국산 기계류는 일본산이나 유럽산보다 가격 면에서 경쟁력이 있었기 때문이다.

셋째, 태국에서 한국 수입 상품이 증가한 원인 중의 하나는 태국에 진출한 한국 기업이 공장 설립을 위해 설비와 건축 자재를 수입하는 일이 늘었기 때문이다. 이는 태국의 수출산업 육성의 일환으로 이루어진 부분이 있다. 사실 태국은 수출산업용 기계와 원자재 구입으로 인해 무역수지 불균형이 나타났는데, 1994년 한국에 대한 무역 적자 규모는 353억7,400만 바트에 이르렀고 2003년에는 549억6,900만 바트에 달했다. 1995년부터 10년간 한국과 태국의 교역량을 보면 〈표 3-1〉과 같다.

3) 한태 무역 협상

태국은 한국에 대한 무역수지 불균형을 해소하기 위해 한국과 여러 차례 협상했다. 그러나 실질적으로 기대하는 만큼의 성과를 거두지는 못했다. 한국은 늘 협상에 나서면서 태국의 한국전 참전과 희생에 대해서는 감사의 뜻을 표하는 반면, 국익과 관련된 통상 문제는 별개의 문제로 다루었다. 태국이 절실한 것은 태국이 한국에 수출하는 농수산품과 공산품에 대한 관세 인하였다. 그러나 한국은 일본과 마찬가지로 자국 농어민의 보호 차원에서 이들 상품에 대한 높은 관세율을 유지했다. 농산품의 경우 과일 주스는 50%, 야채와 과일에는 30~50%의 관세가 붙었다. 이 밖에도 태국의 주요 수출품인 보석에는 120%, 액세서리에는 10.5%의 관세가 붙었다. 또한 소고기와 우유, 타마린드 분말, 옥수수 등에 대해서는 쿼터를 설정했다. 관세 장벽 외에 비관세 장벽도 높았다. 한국의 식품 위생법, 동식물 질병관리법, 독극물 관련법, 원산지 표기법 등도 태국으로서는 고려해야 했다.

한태 무역수지 불균형을 해소하기 위한 한태 통상 회담은 꾸준히 있어 왔다. 1961년 최초로 한태 통상 협정이 조인되고 나서 1966년에 한태 경제 회의가 개최되었다. 회의가 끝나고 발표된 공동성명에서 양국 간의 무역 현황을 검토하고 수출입 증진에 따르는 장애를 점차 제거하며 통상사절단의 교환을 장려하기로 했다. 또한 타이어 제조업과 기타 산업 분야에서 합작 투자 설립을 촉진하기로 했다. 또한 태국 측은 태국에서 추진하는 건설 사업에 한국 기업이 입찰할 수 있도록 적극 지원하며, 지역 경제협력 강화를 위한 방안을 적극 검토하겠다고 밝혔다. 한국 측은 태국에서 현대건설이 맡고 있는 건설 사업이 절반이 진행되지 못했더라도 다른 공사에 응찰할 수 있도록 해줄 것을 요청했다. 그 당시 한태 교역량을 보면 1965년 기준으로 수출이 413만4천 달러였으며 수입은 47만2천 달러에 불과했다. 수출 품목은 타이어·튜브·견방사·인견사·인삼·활석 등이었으며 수입 품목은 원당·당밀 등 식물성 원료 등이 주류였다.

1975년 7월 11일 열린 한태 상공부장관 회담에서는 상호 경제 및 무역 협력을 위한 정부 간 상설 협의체와 한태 민간 경제협력 위원회를 설치하기로 합의하였다. 양국 정부는 1961년에 체결한 한태 무역 협정에 따라 상호 우대하기로 한 품목에 31개의 수입품과 41개의 수출 품목을 추가하기로 하고[1] 그동안 약품으로 분류되어 30%의 관세를 지불했던 인삼은 식품으로 분류하여 관세율을 20%로 낮추기로 하였다. 한편 태국 측에서는 한국 생사를 우선적으로 구입하고 한국산 전기기기, 철강 제품, 전화 교환대, 농업용 기구, 잎담배, 인쇄용 복사기, 건축용 유리 등을 수입하겠다고 밝혔다. 또한 생고무, 면화, 원당, 콩, 당밀, 옥수수 등 태국의 자연 자원 개발에 대한 한국의 협력과 기술 교류 그리고 태국의 건설 사업에 한국의 건설업체 진출 등 경제 관계를

1_ **한국의 수입 품목** : 당밀, 원피, 원목 및 목재, 전주, 철도용 차륜, 생고무, 석회, 천연수지, 석고, 약품, 쌀, 옥수수, 타피오카 제품, 황마 및 제품, 원당, 유실, 쉘라크, 엽연초, 플라워 스파, 안티모니, 가구, 섬유 및 의유, 피혁 및 제품, 통조림, 식품 및 과일, 의복용 장식품 및 의약품, 건축자재, 자동차 부속품, 전자 부품.

한국의 수출 품목 : 마른 버섯, 꿀, 건오징어, 한천, 전복, 패주, 건새우, 해태, 생선 통조림, 상어 지느러미, 건멸치, 건굴, 흑연, 전기동, 고령토, 활석, 타이어 및 튜브, 농기구, 인삼 및 동제품, 한약재, 박하, 생사, 도자기, 수공예품, 섬유류 및 동제품, 각종 고무 제품, 기계류, 자동차 부품, 라디오 및 기타 전기 전자 제품, 자전거, 합판, 의약품, 산업용 화약 및 다이너마이트, 철도 차량, 전화 케이블, 엽연초, 칠동 제품, 주철 제품, 소다회, 농약품.

강화하기로 하였다. 태국 정부는 이 밖에 철도 화차, 변압기, 기계류 등의 국제 입찰에 있어서 한국을 차별대우하지 않기로 하고 대신에 한국에 대해 사료용 옥수수, 당밀, 타피오카, 찹쌀 등을 수입해 줄 것을 요청하였다. 당시 한국의 대태국 수출액은 1974년 기준 1,926만 달러, 수입은 4천2백만 달러였다.

1976년 한태 통상 증대 및 경제협력을 강화하기 위한 2차 한태 통상 회담이 7월 19일에 개최되었다. 이 회담에서는 한국이 1974년 이래 연간 2천만 달러에 이르는 대태 무역역조를 시정하기 위해 비료, 농업기계, 군수품 등의 교역 확대와 비관세 장벽의 완화 등 현안 문제를 논의하고 경제협력 방안으로 한태 민간 경제협력 위원회 설립 문제를 상호 협의했다. 이 회담에서 한국 측은 인삼류에 대한 수출입 링크제의 철폐를 요청했고, 일부 철강재의 수입부가세 및 수입제한 조치를 완화해 줄 것과 철강판, 견사, PVC 테이프, 기관차 부품 등 17개 품목의 관세율 인하를 강력히 요구했다. 양국은 국제 입찰에서 상호 협력 방안과 무역협정의 개정 등에 대해서도 논의했다.

1981년 열린 한태 통상 회담에서는 양국 간의 합작 투자와 자원 개발이 중점적으로 논의되었다. 한국은 공산품을, 태국은 농산품을 중심으로 상호 교역을 확대하여 2~3년 내로 양국 교역 규모를 연 5억 달러 수준으로 확대해 나가기로 합의하였다. 또한 합작 투자 증진을 위해 투자 보장 협정을 조속한 시일 내에 체결하기로 하였다. 한편 한국 측은 태국의 농업 관련 사업과 중국업 광물 탐사 및 개발 사업에 참여할 수 있기를 희망하였다.

1982년 3월 18일에는 한태 구상무역 협정이 체결되었다. 양국은 한국산 비료 17만5천 톤과 이에 해당하는 액수의 태국산 농산물 중 타피오카·옥수수 등을 상호 교환하기로 하였다. 이 구상무역은 한국의 해태상사와 태국의 MOF 농협청 사이에 체결되었는데, 1차로 한국산 비료 5만 톤과 이에 상당하는 태국산 타피오카 9만 톤을 4~8월 사이에 각각 바터 무역을 실시하고, 나머지 12만5천 톤의 비료와 이에 상당하는 액수의 타피오카는 추후 교환하기로 했다. 태국에서 구상무역 협정을 체결한 서석준 상공부 장관은 쁘렘 수상을 예방한 후 한태 무역 각료 회의를 개최하여 양국 간의 합작 투자를 촉진하고, 우리나라의 비료·철강·과일 등과 태국의 당밀·생설탕 등과의 바터 무역 확대 등에 합의하였다. 한편 태국 측은 한국산 흑백텔레비전은 관세율 80%에서 40%로, 라디오는 40~60%로 각각 인하하기로 하였다.

이후 1983년과 1984년에 개최된 한태 통상 회담에서는 양국 교역량 확대 방안이 지속적으로 논의되었다. 한국은 태국으로부터 천연고무와 타피오카 원당 등 공업용 원자재를 수입하고 있었는바, 태국은 철강 제품, 전기기기, 섬유류, 비료, 철도차량, 선박, 산업 설비 등 한국산 공산품을 늘리는 한편 태국에서 실시하는 국제 입찰에서 한국 기업이 적극적으로 참여할 수 있도록 배려해 줄 것을 요청했다.

2002년 1월 13일부터 2월 1일에 개최된 13차 한태 통상 장관 회의에서는 시장 개방과 경제 통상 협력 방안 관련 논의가 오갔다. 먼저, 시장 개방에 있어서는 태국 측이 타마린드 제품 관세 인하와 쿼터 확대, 태국산 쌀 수입 확대, 태국산 냉동 새우 관세 인하, 태국산 보석에 대한 특별소비세 폐지, 태국산 망고 수입 허용의 단계적 검토 등을 요청했고 한국 측에서는 한국산 자동차 및 부품에 대한 관세 인하, 한국산 광섬유 수입관세 인하, 세금 환급 행정의 효율성 제고, 한국산 철강 제품에 대한 수수료 재고 등을 요청하였다. 한편 경제 통상 협력 방안에 있어서는 양국 대표단은 한태 자유무역협정 체결에 노력을 경주하며 선편 운송, 관광, IT 기술 등에 대해 협의하고 세계무역기구(WTO), 아시아태평양경제협력체, 동남아국가연합+3 등 다자적 협력 관계에 대해서도 의견을 교환하였다. 특히 자유무역협정과 관련해서는 한태 경제구조가 경쟁 관계가 아니라 상호보완적인 관계라는 데 의견을 함께하고, 이를 통해 투자비를 절감하고 양국의 교역량을 확대시킬 수 있음을 확인하였다.

한편, 1994년부터는 한국의 대우와 기아 자동차가 태국에 수출되기 시작하였다. 한국의 자동차가 태국에 들어오자 일본산 자동차와 경쟁하게 되었는데, 한국 자동차는 가격이 상대적으로 저렴한 데다가 보증 수리 기간을 늘렸다. 그러자 일본 자동차 회사들은 원가절감을 위해 자동차 부속품의 태국 내 생산 비율을 높였고, 이에 따른 혜택은 태국인 구매자들에게 돌아가게 되었다. 이후 한국의 전기·전자 제품도 일본산보다 15~20% 저렴한 가격으로 태국에 수출되었고 중산층과 서민층의 환영을 받았다.

4) 최근 무역 규모

2005년 60억 달러이던 교역 규모는 2006년에는 75억 달러, 2007년에는 83억 달러, 2008년에는 105억 달러 그리고 2011년에는 137억 달러를 넘어서고 있다. 2009년 기준으로 태국은 우리나라의 15위 수출 대상국이며, 7위의 수입 대상국으로 발전하였다. 최근 한국에서 태국으로 수출하는 주요 품목은 철강, 전기와 전자, 석유화학 제품 등이며 수입 품목은 고무, 전자회로, 원유 등이다.

표 3-2 | 최근 한국과 태국의 교역량 (2007~2011)

단위 : 백만 달러

구분	2007	2008	2009	2010	2011	성장률	비율
교역량	8,268.80	10,529.04	8,240.90	11,670.87	13,775.97	18.04	3.01 %
수출	2,982.60	3,669.15	2,818.87	3,609.93	4,577.35	26.80	2.00 %
수입	5,286.20	6,859.89	5,422.04	8,060.94	9,198.62	14.11	4.03 %
무역수지	-2,303.60	-3,190.74	-2,603.17	-4,451.01	-4,621.27		

자료 : http://www.thaifranchisecenter.com/download_file/download.php?id=4214.

표 3-3 | 태국의 10대 대한국 수출품

단위 : 백만 달러

순위	품목	2008	2009	2010	2011	성장률	비율
1	고무	433.2	245.8	560.5	883.7	57.66	19.31
2	전자회로	326.9	396.9	397.0	288.8	-27.25	6.31
3	원유	475.7	129.7	227.0	229.9	1.29	5.02
4	설탕	66.1	55.4	70.2	227.2	223.57	4.96
5	전기제품 및 부품	89.9	106.4	194.3	205.1	5.55	4.48
6	화학제품	75.8	54.3	112.6	179.3	59.24	3.92
7	가공유	92.9	33.5	56.8	156.9	176.29	3.43
8	컴퓨터 및 부품	215.8	221.0	213.6	151.4	-29.10	3.31
9	플라스틱	37.8	47.5	64.7	125.0	93.11	2.73
10	철, 강철, 철강 제품	77.1	36.5	52.0	112.8	117.05	2.46
10가지 품목 합계		1,891.2	1,327.1	1,948.6	2,560.0	31.38	55.93
기타		1,777.9	1,491.8	1,661.3	2,017.4	21.43	44.07
총계		3,669.2	2,818.9	3,609.9	4,577.3	26.80	100.00

자료 : http://www.thaifranchisecenter.com/download_file/download.php?id=4214.

    태국의 대한국 수출량은 2007년에 35억 달러를 상회하던 것이 2011년에는 45억 달러를 넘어 26.80%의 신장률을 보였다. 태국에서 한국으로 수출하는 주요 품목은 고무, 전자회로, 원유, 설탕, 전기제품 및 부품, 화학제품, 가공유, 컴퓨터 및 부품, 플라스틱, 철 및 철강 제품 등이다.

    한편 태국이 한국으로부터 사들이는 수입품을 보면 연평균 70억 달러 가까이 된다. 최근 2011년 수입액은 91억9,800만 달러로 전년도 대비 14.11% 증가했다. 주요 수입품은 철과 철강제, 기계류, 화학제

표 3-4 | 태국의 10대 대한국 수입품

단위 : 백만 달러

순위	품목	2008	2009	2010	2011	성장률	비율
1	철, 강철, 철강재	1,284.8	677.6	1,207.3	1,654.9	37.07	17.99
2	기계류	673.6	541.9	742.4	1,548.8	108.63	16.84
3	화학제품	719.2	528.2	779.7	874.2	12.12	9.50
4	전기회로	466.5	393.8	607.6	542.5	-10.71	5.90
5	귀금속 및 보석	243.3	216.7	527.1	441.9	-16.16	4.80
6	고철류	364.9	275.4	393.9	407.1	3.34	4.43
7	가전제품	524.1	517.5	451.2	395.9	-12.26	4.30
8	전자 제품 및 부품	417.8	321.5	473.7	389.7	-17.73	4.24
9	철강 제품	436.4	364.6	605.0	324.6	-46.34	3.53
10	곡물류	75.6	68.4	143.6	268.9	87.29	2.92
10가지 품목 합계		5,206.2	3,905.7	5,931.5	6,848.7	15.46	74.45
기타		1,653.7	1,516.4	2,129.4	2,349.9	10.36	25.55
총계		6,859.9	5,422.0	8,060.9	9,198.6	14.11	100.00

자료 : http://www.thaifranchisecenter.com/download_file/download.php?id=4214.

품, 전기회로, 귀금속, 고철, 가전제품, 전자 제품 및 부품, 철강 제품, 그리고 곡물류 등이다.

2. 투자 현황

동남아 지역에 대한 한국의 투자는 1968년 인도네시아의 목재 가공업으로 시작하였다. 이후 1985년까지는 극히 미미한 수준에 머물러 있었다. 태국에 대한 투자는 1983년에 시작되어 계속 증가하였다. 1987년에는 대태국 투자액이 2,230만 바트에서 1988년에는 3,460만 바트로 껑충 뛰었다. 이는 한국의 임금이 상승하고 환율 문제 등으로 한국 기업들이 상대적으로 인건비가 저렴한 태국으로 생산 기지를 옮겼기 때문이다. 한국은 태국을 수출 전진기지로 삼아 일본 및 여타 신흥공

표 3-5 | 연도별 대태국 투자 현황

단위 : 만 달러

연도	신고 건 수	신규 법인 수	신고 금액	송금 횟수	투자 금액
Total	1,698	664	2,375,835	2,695	1,781,574
1980	10	7	2,610	12	2,440
1983	3	1	718	3	703
1984	0	0	0	0	0
1986	3	1	90	2	53
1987	2	1	499	1	180
1988	26	14	15,183	30	9,547
1989	28	9	15,452	26	9,142
1990	43	17	41,651	35	14,804
1991	24	15	32,632	49	30,391
1992	26	9	33,920	43	26,362
1993	23	19	11,406	47	37,784
1994	40	14	26,593	36	27,340
1995	55	10	37,968	39	22,233
1996	61	17	73,036	65	30,707
1997	47	14	235,650	49	192,040
1998	24	6	123,189	31	116,761
1999	28	13	11,400	30	8,658
2000	48	17	42,179	58	32,748
2001	44	20	65,846	53	30,931
2002	73	31	44,916	123	34,187
2003	89	47	53,050	150	32,731
2004	99	42	60,221	210	47,068
2005	100	38	70,741	177	51,388
2006	118	62	112,349	203	74,643
2007	164	63	181,358	337	142,397
2008	146	50	299,250	258	91,303
2009	98	37	34,537	156	31,195
2010	117	32	107,606	169	80,526
2011	129	51	613,311	241	578,839
2012	30	7	28,476	62	24,473

자료 : 한국수출입은행 (www.koreaexim.go.kr).

업국과의 경쟁력을 확보하고자 했다.

한국의 태국 투자 비율은 0.9%로 1993년 기준으로 10위를 기록하고 있다. 한국의 대태국 투자가 다른 동남아 국가에 비해 저조한 이유에는 여러 가지가 있다. 우선 한국의 공업은 대부분 노동 집약적인데 인건비와 천연자원의 경우 인도네시아가 태국보다 훨씬 저렴하다. 또한 한국 공업의 생산방식은 생산구조 자체를 외국으로 이전해야 하는데, 인도네시아나 필리핀은 이를 정책적으로 환영하지만 태국에서는 장려하는 방식이 아니다. 그리고 끝으로 1980년대 중반 태국은 일본의 투자 지역으로 한국이 진입하려면 일본과의 경쟁이 불가피했기 때문이다. 아울러 그 당시 태국에 대한 투자 정보도 미미한 수준이었다.

께씨니 위툰찻(เกศินี วิฑูรชาติ)의 연구에 의하면 한국의 기업가들이 태국에 투자하게 되는 동기는 50% 이상이 생산비 절감에 있으며, 투자에 적합한 업종은 하드웨어 및 소프트웨어, 금융 서비스, 수공업, 면방직, 기계류 등으로 나타났다. 투자 과정에서 겪는 어려움에는 생산 설비 수입관세가 높다는 점을 가장 많이 꼽았다. 그 다음으로 완제품에 비해 관세가 높은 데다 관세 제도 자체에 불명확한 점이 많다고 지적했다. 또한 관리들의 뇌물 수수가 많고 시간관념이 희박하여 약속 시간을 제대로 지키지 않는다는 의견도 있었다. 또한 일본과 경쟁해야 하는 점도 한국 투자자들에게는 부담으로 작용하는 것으로 나타났다.

한국 기업의 대태국 투자는 1988년에서 1991년 사이에 급증세를 보였으나 이후에 중국·베트남·멕시코 등 새로운 투자 대상국의 등장으로 증가세가 둔화되었다. 투자 대상은 초기에는 신발·완구 등 노동집약적인 경공업 위주였으나 통신, 전기, 전자 부품 등 기술 산업에 대한 투자가 점차 증가하였다. 2007년 말 기준 한국의 대태국 직접투자 규모는 승인 기준으로 14억 달러이던 것이 몇 년 동안 감소세를 보이다가 2011년에는 57억 달러를 훨씬 웃돌았다.

한국이 태국에 투자하는 업종은 제조업이 가장 많고 건설업과 출판, 영상, 방송 통신 및 정보 서비스업 등이다. 업종별 대태국 투자 현황을 도표로 나타내면 〈표 3-6〉과 같다.

표 3-6 | 업종별 대태국 투자 현황

단위 : 만 달러

업종 대분류	신고 건 수	신규 법인 수	신고 금액	송금 횟수	투자 금액
Total	1,698	664	2,375,835	2,695	1,781,574
농업, 임업 및 어업	7	4	1,219	12	991
광업	13	8	226,773	69	40,766
제조업	1,068	372	1,506,581	1,674	1,233,684
전기, 가스, 증기 및 수도 사업	4	3	32,230	18	9,439
건설업	123	51	130,277	146	112,064
도매 및 소매업	167	89	97,467	216	84,023
운수업	15	9	2,943	17	1,928
숙박 및 음식점업	35	18	22,460	85	13,123
출판, 영상, 방송 통신 및 정보 서비스업	84	26	186,097	106	177,129
금융 및 보험업	9	3	26,855	6	17,603
부동산업 및 임대업	50	30	46,041	112	21,698
전문, 과학 및 기술 서비스업	54	12	38,743	93	35,841
사업 시설 관리 및 사업 지원 서비스업	27	16	5,286	36	3,334
교육 서비스업	7	2	2,367	29	1,434
보건업 및 사회복지 서비스업	2	2	6,500	16	3,684
예술, 스포츠 및 여가 관련 서비스업	27	14	42,748	49	23,838
협회 및 단체, 수리 및 기타 개인 서비스업	6	5	1,249	11	994

자료 : 한국수출입은행 (www.koreaexim.go.kr).

　　대태국 투자에서 가장 많은 비중을 차지하는 제조업을 세부 업종별로 나누어 보면 1차 금속 제조업이 절대적으로 많고 전자 부품, 컴퓨터, 영상, 음향 및 통신 장비 제조업과 금속 가공 제품 제조업 등이 상대적으로 많은 편이다. 이를 도표로 나타내면 〈표 3-7〉과 같다.

　　한국의 대태국 투자는 일본이나 대만보다 상대적으로 적은데, 투자 승인을 받은 한국 기업도 대부분 수출을 위한 중소기업이며 전자·전기 제품을 주종으로 하고 있다. 1996년부터 태국에 대한 한국의 투자가 많이 증가하였는데 주로 철강·기계·화학·제지 산업 등이었다. 이때 진출한 대표적인 기업이 로켓 건전지, 삼성 전기·기계, KEC, LG 등이다. 한국 기업의 투자 지역은 방콕과 촌부리, 싸뭇쁘라깐, 빠툼타니, 나컨랏차씨마 그리고 펫부리 등이다. 투자 업종은 광업과 디젤엔

표 3-7 | 제조업종별 대태국 투자 현황

단위 : 만 달러

업종 중분류	신고 건수	신규 법인 수	신고 금액	송금 횟수	투자 금액
Total	1,068	372	1,506,581	1,674	1,233,684
식료품 제조업	34	16	11,253	57	8,896
섬유제품 제조업 의복 제외	9	7	3,381	11	2,884
의복, 의복 액세서리 및 모피 제품 제조업	12	7	3,441	14	2,425
가죽, 가방 및 신발 제조업	29	9	18,056	34	13,519
목재 및 나무 제품 제조업 가구 제외	3	2	557	3	140
펄프, 종이 및 종이 제품 제조업	31	7	112,133	55	62,257
인쇄 및 기록매체 복제업	4	3	1,464	15	841
코크스, 연탄 및 석유 정제품 제조업	1	0	5,946	0	0
화학물질 및 화학제품 제조업 의약품 제외	89	25	70,851	126	42,113
의료용 물질 및 의약품 제조업	6	3	1,005	16	264
고무제품 및 플라스틱 제품 제조업	37	15	10,104	82	8,123
비금속 광물 제품 제조업	18	8	14,702	22	13,622
1차 금속 제조업	38	15	645,488	68	613,593
금속 가공 제품 제조업(기계 및 가구 제외)	160	50	182,202	223	130,516
전자 부품, 컴퓨터, 영상, 음향 및 통신 장비 제조업	291	80	240,005	481	190,029
의료, 정밀, 광학기기 및 시계 제조업	28	14	8,750	36	4,530
전기 장비 제조업	44	18	37,828	75	25,868
기타 기계 및 장비 제조업	86	39	36,889	130	24,894
자동차 및 트레일러 제조업	52	20	21,656	76	18,043
기타 운송 장비 제조업	1	1	195	1	195
가구 제조업	2	2	582	5	147
기타 제품 제조업	93	31	80,094	144	70,786

자료 : 한국수출입은행 (www.koreaexim.go.kr).

진, 주물, 양말, 전기계량기 등으로 늘어났다. 후에 한국의 투자가 더욱 급증해 2001년에 직접 투자액은 10억9,400만 달러에 달했다.

한국은 1970년대 경제개발에 성공하면서부터 동남아국가연합 국가의 중요성을 인식하였다. 이들은 석유·고무·주석·구리 등과 같은 천연자원이 풍부한 반면에 상대적으로 기술력은 한국에 뒤떨어져 있었다. 특히, 태국은 정치·경제적으로 안정되어 있어 지속적인 경제성장을 이루는 한편 민주국가로 발전해 가면서 사회적으로도 안정되어 있었다. 또한 수송의 효율성과 저렴한 인건비도 투자 유치에 한몫했다. 한국은 동남아국가연합 국가들과 유대를 강화하기 위해 지속적으로 노력했다. 1981년 전두환 대통령은 동남아국가연합 국가를 순방하고 이들과 긴밀한 협조를 통한 관계 증진을 꾀하였다.

2001년 11월 4~6일 브루나이에서 개최된 동남아국가연합+3 회담에서 김대중 대통령은 국내 금융 체제 강화와 국제금융의 안정이 실물경제의 발전과 역동성 유지에 필수적이므로 ① 투기성 자본에 대한 모니터링 강화, ② 민간 금융기관들의 책임과 참여 확대, ③ 투기성 국제 자본으로부터의 피해 최소화를 위한 국제적 공동 노력을 강조하고, 국제금융 체제 개편 논의에 개발도상국가들의 참여 확대가 요구됨을 강조하여 참가국 정상들로부터 긍정적인 반응을 얻었다. 한국이 동남아국가연합 국가들에게 수출하는 상품은 공산품으로 기계·전자·컴퓨터·자동차 등이며, 수입하는 상품은 주로 1차 상품으로 목재와 고무·천연가스·석탄·석유·수산물·과일·야채 등이다.

3. 태국 내 기업 진출 현황

우리 기업의 태국 진출은 2009년 말 현재 총 308개(개인 투자 기업 제외) 사이며 제조업이 전체의 68%를 차지한다. 서비스 업종은 도소매업과 운수업을 중심으로 50개 업체가 진출해 있다. 태국에 진출해 있는 한국 기업 현황은 〈표 3-8〉과 같다(태국에 진출해 있는 한국 기업 목록은 부록 참조).

2010년 말을 기준으로 상무부에 등록한 한국 기업은 총 1,749개이

표 3-8 | 태국 내 한국 업체 현황

업종	숫자
건설	21
금융	5
부동산	13
수산업	2
관광업	130
중국업	109
수송	15
인테리어	4
상품 수송	9
계	308

나, 실제로 운영되는 업체는 약 1천여 개로 추정되고 있다. 한국 기업의 고용자 수는 2만9,152명(2008년 12월 말)인 것으로 조사되고 있으나, 실제로는 이보다 많은 약 7만여 명이 고용되어 있는 것으로 추정된다.[2]

4. 대태국 투자 환경 및 방향

태국은 동남아 주요 거점 지역이므로 한국-동남아국가연합 간 자유무역협정 발효에 대비하여 대태국 투자 진출에 좀 더 많은 관심을 기울일 필요가 있다. 최근 태국의 투자 환경 변화와 산업구조의 변천에 맞추어 미래 시장 확보가 가능한 기술집약적 전문 업종 진출에 주력하는

2_http://terms.naver.com/entry.nhn?docId=1022783&categoryId=3290.

표 3-9 | 한국 기업의 태국 건설 수주 현황

단위 : 백만 달러

구분	2007년	2008년	2009년	2010년	2011년	누계
건수	16	10	12	9	8	153
금액	2,021	1,633	1,116	100	376	9,580

자료 : 해외건설협회 (http://kor.icak.or.kr).

것이 유리하다. 태국 정부는 정보 통신, 환경 분야 산업, 자동차, 패션, 고부가가치 서비스 등에 대해서는 전략 투자 유치 분야로 설정하고 많은 투자 혜택을 부여하고 있다. 특히, 정보 통신은 통신망 관리, 인력 양성 등 정부 간 경험 전수를 통하여 부가 통신 서비스 분야 투자 진출을 지원할 필요가 있다. 향후 태국을 우리 상품의 진출 시장으로뿐만 아니라, 동남아국가연합 시장 진출의 교두보로 활용할 수 있도록 장기적 관점에서 협력을 증진해 나가는 것이 필요하다.

5. 건설 분야 수주 현황

1965년 현대건설이 한국 건설 업체 최초로 태국 남부의 빳따니-나라티왓 고속도로 건설을 수주한 이래 2008년까지 약 84억 달러 규모의 수주 실적 기록하고 있다. 2007년도에는 GS건설의 폴리프로필렌 플랜트 공사(1억8,500만 달러), SK건설의 정유 공장 시설 고도화 사업(1억7천만 달러), 삼성엔지리어링의 가스 플랜트 공사(11억 달러) 등 약 20억 달러를 수주하였고, 2008년에도 GS건설과 한국가스공사 컨소시엄의 LNG 인수터미널(5.4억 달러), 두산중국업의 게코원 화력발전소 건설

공사(8.1억 달러) 등을 수주하였다. 태국 정부의 대규모 인프라 건설 사업인 메가 프로젝트가 원활하게 추진될 경우, 우리 기업들의 태국 건설 시장 참여가 활성화될 것으로 보인다.

6. 경제-기술협력 현황

한국은 1960년대부터 꾸준히 태국의 연수생을 초청해 왔다. 현재까지 누적된 연수생 인원은 2천 명이 넘는다. 1999년 이전에는 50명 미만의 인원을 초청하였으나 2000년부터 1백여 명으로 확대하였다. 또한 같은 기간에 태국에 파견된 한국 전문가는 65명이다. 1991년부터 시작된 해외 봉사단 파견으로 2007년까지 403명이 태국에 파견되었다. 2012년 현재 태국에 30여 명의 봉사단이 활동하고 있다.

7. 한태의 금융 협력

한국과 태국은 치앙마이 이니셔티브(CMI, Chiang Mai Initiative)에 따라 2005년 12월 양국 간 10억 달러 규모의 통화 스와프(currency swaps) 협정을 체결하였다. 한국과 태국은 동남아국가연합+3 재무장관 회의 공동 의장국으로서 지역 내 금융 협력을 주도하였다. 또한 양자 통화 스와프 체제에서 다자 통화 스와프 협정으로 전환하여 지역 내 통화

스와프 네트워크를 강화하고 지역 통화 안정에 기여하였다. 다자화 규모를 8백억 달러에서 1천2백억 달러로 확대하고, 한국 : 중국 : 일본 : 동남아국가연합의 분담 비율을 16 : 32 : 32 : 20으로 최종 합의하였다. 그리고 아시아 채권시장 발전을 위한 보증 기구 설립에 최종 합의하여 시행을 앞두고 있다. 한국과 태국은 G20(Group20) 정상 회의 채널을 활용한 금융 협력에도 노력하였다. 동남아국가연합 회원국 중 인도네시아와 태국(동남아국가연합 의장국 자격)이 2009년에 열린 G20 정상 회의에 참석하였다. 글로벌 차원의 재정 확대(Global Deal)에 동남아국가연합이 적극 동참하도록 하는 등, 세계경제 위기 극복을 위해 한국-동남아국가연합 정책 공조에 합의하였다. 특히 수출이 경제에서 차지하는 비중이 큰 동남아국가연합과 공조하여, 보호무역주의를 배격하고 무역·투자 장벽 동결(Stand-Still)의 이행에 합의하였다. 그리고 금융시장 투명성 제고를 위한 메커니즘도 도입하기로 하였다(외교 통상부 2009).

8. 한국과 태국의 에너지·자원 분야 협력

태국 정부는 지속적인 경제성장을 위해 안정적인 에너지 공급, 신재생 에너지 보급 확대, 에너지 절감과 기후변화 대응 등을 주요 의제로 추진 중이다. 특히 연평균 4.2%의 수요 증가가 예상되는 전력의 안정적인 전력 공급과 70% 이상인 가스 발전 의존도를 낮추기 위해 전력원 다변화를 추진하고 있다. 태국 정부는 이를 위해 원자력 발전소 건설,

석탄 화력발전 및 신재생에너지 확대를 추진하고 있다. 원자력 발전소 건설은 2010년 장기전원개발계획을 통해 원전 5기(1천 메가와트급)를 2020년부터 2028년까지 단계적으로 상업 운전에 착수할 예정으로 추진하였다. 그러나 2011년 3월 일본 원자력 발전소 사고 이후 상업 운전 개시일을 3년 연기하기로 결정하였다.

한국 정부는 한국 원자력 발전 기술의 우수성과 안전성을 알리고, 태국 원자력 발전소 추진의 가장 큰 애로 사항인 국민 수용성에 관한 노하우를 공유하기 위해 노력하였다. 이러한 노력의 일환으로 한국 정부는 태국 정부와 공동으로 한국 원전 설명회를 2010년 12월에 열었다. 뿐만 아니라 2011년 2월에 세미나를 개최하고, 2011년 6월에 한국 원자력 발전 안전 규제 심포지엄 등을 지속적으로 개최하였다. 한국 정부는 아울러 태국 국회, 에너지부, 전력청, 언론인, 지역대표 등의 한국 원자력 발전 시설 견학을 확대 중에 있다.

태국 정부는 2022년까지 총에너지의 20.3%를 신재생에너지로 공급하여 4천2백만 톤의 온실가스를 감축하려는 계획을 세웠다. 그리고 신재생에너지 시설과 에너지 절감 시설의 보급을 확대하기 위해 보조금 등 각종 인센티브를 제공하는 정책을 추진하고 있다. 이에 따라 한국과 태국 양국 정부는 공동으로 각종 세미나, 워크숍 등을 개최하거나 책자 발간 등을 진행 중이다. 특히 태국의 자발적 탄소 시장 개설을 위해 한국의 온실가스 감축 실적 등록 관리 프로그램을 전수하기 위한 시범 사업을 진행하고 있다(외교통상부 2009).

9. 태국의 이주 노동자와 결혼 이민

한국에 태국의 근로자들이 유입되기 시작한 것은 그리 오래된 일이 아니다. 2004년 한태 양국 간에 '고용 허가제 양해 각서(MOU)'를 체결하면서 태국 근로자들이 국내로 들어오기 시작했는데, 태국 근로자들이 국내 기업체에서 좋은 평가를 받음에 따라 입국 인원이 지속적으로 증가하였다. 한편, 이와는 별도로 1995년부터 산업 연수생 제도를 통해 태국 근로자를 도입하여 왔으나, 2007년부터는 산업 연수생 제도가 폐지되고, 고용 허가제로 외국 인력 고용 제도가 일원화되었다. 그러나 최근 들어 태국 근로자의 불법 체류 비율이 증가하자 양국 간 노동 협력 증진에 문제점으로 작용하고 있다. 2012년 4월 말 기준으로 한국에 유입된 태국인 체류자 수는 4만2,617명인데 이 가운데 합법 체류자는 2만6,879명이며 불법 체류자는 1만5,738명인 것으로 나타났다. 그 중에서 근로자는 2만912명이며 E-9 근로자 수는 2만538명인 것으로 나타났다. 일반적으로 태국인이 한국에 입국할 때 받는 비자에는 E-9(비전문 취업), B-1(사증 면제), F2-1(국민 배우자) 등이 있다.

1) 이주 노동자

출입국·외국인 정책 본부에 따르면, 2012년 4월에 태국 노동자의 수는 중국·미국·베트남·필리핀·일본에 이어 6번째이다. 이들은 주로 제조업과 건설업을 비롯하여 서비스업, 농축 산업, 연근해 어업 등에 종사하고 있다. 1995년부터 산업 연수생 제도를 통해 태국 노동자들이 유입되어 왔으나, 한·태 양국 간에 2004년 고용 허가제 양해 각서

표 3-10 | 태국인 체류자 현황

단위 : 명, %

구분	총 체류자	합법 체류자	불법 체류자	불법 체류율
2007	47,813	32,926	14,887	31.1
2008	45,198	30,852	14,346	31.7
2009	44,701	32,318	12,383	27.7
2010	44,250	31,842	12,408	28.0
2011	45,634	31,539	14,095	30.9
2012	42,617	26,879	15,738	36.9

자료 : 법무부 출입국·외국인정책 본부 (http://www.immigration.go.kr).

표 3-11 | 태국인 근로자 현황

구분	2007	2008	2009	2010	2011	2012
근로자	29,335	27,648	25,817	24,484	22,728	20,912
E-9근로자	26,223	26,541	25,011	24,244	22,412	20,538

자료 : 법무부 출입국·외국인정책본부 (http://www.immigration.go.kr).

가 체결된 후 산업 연수생 제도가 폐지되고, 고용 허가제로 외국 인력 고용 제도가 일원화되면서, 태국 노동자들이 국내로 대거 유입되기 시 작하였다.

2011년 기준으로 보면 국내 태국인의 불법 체류자 비율이 30.9% 인데 이 중에서 대부분이 단기 체류자이다. 단기 체류자가 불법 취업 을 하게 되면서 노동 착취와 임금 체불, 인권침해와 같은 문제가 발생 하고 있다. 특히 여성 노동자의 경우 마사지 업소의 불법 고용과 윤락 문제 등의 사회문제로 이어지고 있다. 지난 2005년 5월에서 2006년 초까지 대대적인 단속을 벌여 270명을 강제 퇴거 조치 한 바 있다. 이 런 문제를 해결하기 위해서는 단기 체류로 입국하는 사람들의 진정한 입국 목적을 파악하는 것이 중요한데, 출입국 관리 사무소에서는 이를 해결하기 위해 2005년에 12명, 2008년에 10명의 태국어 전공자를 채 용 한 바 있다(강승중 2009).

2) 결혼 이민자

우리나라도 이제 거주 외국인 1백만 명 시대에 접어들면서 다국가, 다문화에서 온 사람들이 어울려 살게 되었고, 그에 따라 서로에 대한 문화와 사상을 이해하는 것이 필수인 시대가 되었다. 이러한 사회 분위기 속에서 국제결혼을 통해 한국에 거주하게 되는 이른바 '외국인 신부'가 중요한 이슈로 떠오르고 있다.

전체 결혼 건수에서 국제결혼이 차지하는 비율이 꾸준히 증가하고 있다. 2009년 9월 기준으로 우리나라의 태국인 신부는 2,036명이다. 순위로는 꾸준히 8위를 유지하고 있다. 일반적인 경우와 마찬가지로 태국과의 국제결혼이 증가하는 원인은 한국 여성의 결혼 기피 및 만혼, 배우자 선택의 차별성 강화, 남성의 경제력 약화, 그리고 남녀 성비의 불균형을 들 수 있다. 그 밖에도 태국 신부들이 한국 남성에 갖는 호감도도 작용하는 것으로 볼 수 있을 것이다.

한국 남성과 결혼하는 태국 결혼 이민자들은 두 가지 문제를 지니고 있다. 첫 번째 문제는 허위 결혼 문제이고 두 번째 문제는 한국 사회 부적응 문제이다. 허위 결혼은 주로 단기 체류자 가운데 불법 마사지 업종에 근무하면서 비자를 F-2-1로 바꾸어 국민 배우자 지위를 갖는 것이다. 이런 경우, 적발되어도 강제 퇴거 조치를 할 수 없고 공중위생 관리법이나 풍속영업규제법 등을 적용할 수밖에 없다. 현재 태국 마사지사의 절반 정도는 허위 결혼자로 추정된다(강승중 2009). 정상적으로 한국인과 결혼한 태국인이라고 할지라도 유교 문화권인 베트남 사람이나 영어권인 필리핀 사람들보다 한국어 성취도도 낮고 한국 사회에 적응하지 못하는 비율이 높다. 또한 한국인 배우자가 태국의 사회나 문화에 대한 지식이나 이해도가 낮아 문제의 심각성을 더해 주고 있

표 3-12 | 태국인 결혼 이민자 현황

구분	2007	2008	2009	2010	2011	2012
결혼 이민자	1,809	2,041	2,029	2,533	2,603	2,610
남/여	30/1,779	40/2,001	41/1,988	39/2,494	42/2,561	43/2,567

자료 : 법무부 출입국·외국인정책본부 (http://www.immigration.go.kr).

다. 따라서 태국의 결혼 이민자의 경우 남편의 폭력이나 성적 학대, 인격 모독과 같은 잠재적 위험에 노출되어 있는 경우가 많다. 이러한 언어·문화적 차이는 자녀 교육에도 영향을 미쳐서 한국어에 서툰 엄마가 자녀의 숙제를 돌봐 주는 등 양육에서 어려움이 뒤따른다. 심지어 태국 결혼 이민자가 무단가출하거나 무작정 태국 친정으로 돌아가 버리는 사례도 있다.

제4장

사회 문화적 관계

1. 한국에서의 태국어 교육

한국에서 외국어교육이 시작된 것은 1954년 한국외국어대학교가 설립되면서부터이다. 설립자 김흥배 박사는 한국전쟁으로 인해 황폐하고 낙후된 국가를 재건하고 부존자원이 부족한 나라에서 미래를 위해서는 외국어와 외국학 교육이 절실하다는 인식하에 외국어교육을 중심으로 한 대학을 설립했다. 초기에는 영어, 불어, 독어, 러시아어 및 중국어를 강의하였다. 학생 정원은 영어과 1백 명이고 그 외 4개 학과는 각각 50명 등 총 정원 3백 명으로 시작하였다.

  그 후 한국외국어대학교는 발전을 거듭하고 규모를 확장하여 현재 이문동 캠퍼스와 글로벌 캠퍼스 등 두 개의 캠퍼스가 있으며, 개설된 외국어를 보면 서양어는 영어, 불어, 독어, 러시아어, 스페인어, 포르투갈어, 이태리어, 네덜란드어, 스웨덴어, 폴란드어, 루마니아어, 헝가리어, 체코-슬로바키아어, 그리스-불가리아어, 세르비아-크로아티아어, 그리고 발칸어-유고슬라비아 등 16개 학과가 있고 동양어는 중국어, 일본어, 태국어, 말레이-인도네시아어, 베트남어, 아랍어, 인도어, 터키어, 이란어, 중앙아시아어 등 10개 학과와 아프리카어인 스와힐리어가 있다. 외국어를 전공하는 학생 수는 총 9천여 명에 이른다. 외국어 교육을 담당하는 한국인 전임 교수와 외국인 교수는 모두 합쳐 220명이며 시간 강사 수는 한국인과 외국인을 합해서 250명에 이른다(최창성 2008).

한국에서의 태국어 교육은 비교적 일찍 시작되었다. 1966년 한국외국어대학교가 태국어과를 설립하여 전공과목으로 개설하였다. 1982년 부산외국어대학교가 설립되면서 태국어과가 설립되었고 1983년에는 한국외국어대학교 글로벌 캠퍼스에 태국어과가 신설되었다. 초기에 한국외국어대학교에서 태국어과는 한 해 20명씩 모집하였으나 현재는 30명씩 모집한다. 부산외국어대학교와 한국외국어대학교 글로벌 캠퍼스는 초기 각각 50명씩 모집하였으나 현재 부산외국어대학교는 40명, 한국외국어대학교 글로벌 캠퍼스는 30명씩 모집하고 있다.

1) 교수진

1966년 태국어 교육이 시작될 때 이 분야에 전문가가 없었던 관계로 교수진 확보에 어려움이 많았다. 이때 태국어 교육을 담당했던 최창성 교수와 이교충 교수는 본래 태국어 전공자는 아니었지만 초창기 교과과정을 만들고 교재를 편찬하면서 태국어 교육의 기초를 세웠다.

표 4-1 | 교수진 현황

구분	직위	소속	세부 전공
최창성	명예교수	한국외국어대학교	태국 어학
이한우	명예교수	한국외국어대학교	개발 교육학
김영애	명예교수	한국외국어대학교	태국 문학
차상호	명예교수	한국외국어대학교	태국 정치
김홍구	교수	부산외국어대학교	태국 정치
황규희	교수	부산외국어대학교	태국 정치
안종량	교수	부산외국어대학교	태국 경제
이병도	교수	한국외국어대학교	태국 정치
윤경원	교수	한국외국어대학교	태국 어학
정환승	교수	한국외국어대학교	태국 어학
신근혜	조교수	한국외국어대학교	태국 문학
박경은	조교수	한국외국어대학교	태국 어학

태국어 전공자들이 배출되면서 오늘날에는 상당수의 전임 교수와 외국인 교수 그리고 시간강사들에 의해 교육이 이루어지고 있다. 현재 재직 중인 교수진은 〈표 4-1〉과 같다.

한국인 교수 외에도 한국외국어대학교에서는 양 캠퍼스에 각각 2인의 태국인 초빙교수가 재직하고 있으며, 부산외국어대학교에서는 1인의 초빙교수가 재직하고 있다. 이들은 주로 태국에 소재한 대학 중에서 학문 교류 협정에 따라 초빙해 오고 있으며 임기는 1년이다.

2) 교과과정

한국외국어대학교 태국어과와 부산외국어대학교의 태국어과의 학부 교육과정은 4년이며 각 학년은 2학기로 나뉜다. 학생들은 이중 전공을 선택할 경우에 전공 학점 54학점을 이수해야 하며 이중 전공 과목 54학점 교양 과목은 26학점 등 총 134학점을 이수해야 졸업할 수 있다.

표 4-2 | 졸업 이수 학점

구분		전공	교양	이중 전공	부전공	총 학점
태국어과	이중전공	54	26	54		134
	전공심화	75	26		21	134
태국어 통번역학과	이중전공	70	26	54		150
	전공심화	83	26		21	150

전공 심화를 선택할 경우에는 전공 75학점, 부전공 21학점 그리고 교양과목 26학점을 이수하여 총 134학점을 이수하도록 되어 있다.

그러나 2008년 글로벌 캠퍼스의 경우에는 통번역대학으로 소속되면서 학과 명칭을 태국어통번역학과로 바꾸고 교과과정에도 변화가 있었다. 졸업 이수 학점을 보면 전공 학점 70학점, 이중 전공 학점 54학점, 교양 과목 학점 26학점을 이수하여 총 150학점을 이수하여야 한다. 이중 전공을 선택하지 않고 전공 심화를 선택할 경우에는 전공 83학점, 부전공 21학점, 교양 과목 26학점을 이수하여 총 150학점을 채워야 졸업할 수 있다.

각 대학들이 개설하고 있는 과목을 살펴보면 1학년 과정에서는 대개 태국어의 자모음과 성조 규칙을 익히고 말하기, 듣기, 읽기, 쓰기 등의 분야에서 간단한 표현 능력 향상을 목표로 여러 과목이 개설되어 있으며, 2학년 과정에서 초급 및 중급 수준의 문법·회화·강독 등의 과목을 개설하고 있다. 3학년과 4학년 과정에서는 보다 고급 수준의 작문과 회화 그리고 원어 독해 능력을 함양하도록 되었다. 내용면에서도 태국의 시사를 비롯하여 정치·경제·사회·문화 등으로 폭을 넓히고 통번역과 문학사 등의 과목도 강의하고 있다.

태국어를 전공하는 학생들은 소속 학과에서 공부하는 것 외에도

표 4-3 | 학년별 교과목

구분	한국외국어대 서울 캠퍼스	한국외국어대 글로벌 캠퍼스	부산외국어대학교
1학년 과정	초급멀티미디어태국어 초급태국어문법 초급태국어읽기연습 초급태국어회화 태국 사회문화탐방	초급태국어문법 초급멀티미디어태국어 초급태국어문법 초급태국어회화 기초태국어쓰기연습 기초태국어읽기연습 태국의 이해	태국어언어실습 기초태국어 태국역사 기초태국어회화
2학년 과정	중급멀티미디어태국어 중급태국어강독 중급태국어문법 중급태국어작문 중급태국어회화 태국 사회문화콘텐츠 시추에이션태국어	중급멀티미디어태국어 중급태국어번역실습 중급태국어문법 중급태국어회화 중급태작연습 커뮤니케이션태국어	초급태국어작문실습 초급태국어강독 태국어언어실습 태국어회화II 태국문화기행 다국어Tandem학습
3학년 과정	FLEX 태국어 고급태국어작문 고급태국어회화 시사정보태국어 비즈니스태국어 태국 사회문화원강 태국역사와문학 태국정치와 외교	FLEX 태국어 고급태국어회화 비즈니스통번역연습 태국 사회문화텍스트번역실습 태국어통역연습 인터넷태국어 태국문학의 이해 태국 사회문화번역실습 태국어통역연습 영상매체통번역연습	중급태국어강독 태국어회화V 태국시장과상관습 캄보디아지역연구 한.태관계 이슈와 쟁점
4학년 과정	통상실무태국어 태국현대문학 태국문학과예술 현대태국정치의이해 태국학특강 태국어회화작문연습 태국학세미나	고급태국어번역연습 시사태국어통역실습 태국지역학세미나 현대태국소설 현대태국정치의이해	스크린태국어 한태통번역연습 인턴십과취업

태국의 대학에서 공부할 수 있는 여러 가지 길이 열려 있다. 한국외국어대학교의 경우, 방학 기간 동안 학문 교류 협정이 체결되어 있는 태국의 자매 대학에서 10주 코스의 단기 어학연수를 하게 되면 6학점을 이수할 수 있다. 또한 주태국 한국 대사관이나 코트라 방콕 지사 등에

서 인턴십 과정을 통해 12학점까지 이수할 수 있다. 그리고 교환학생이나 7+1제도에 따라 한 학기를 공부하여 최대 20학점까지 이수할 수 있다. 현재 한국외국어대학교와 학문 교류 협정을 체결한 대학은 쫄라롱껀 대학교, 탐마쌋 대학교, 쏭클라 대학교, 치앙마이 대학교 등을 비롯해 10개 대학에 이른다.

부산외국어대학교 태국어과도 태국 내 여러 고등 교육기관과의 학문 교류 협정을 체결했다. 예를 들면 쫄라롱껀 대학교 아시아문제연구소, 람캄행 대학교, 까쎗쌋 대학교, 씨나카린위롯 대학교 등이다. 2005년에는 씨나카린위롯 대학과 태국어 교육 분야의 3+1 제도의 협정을 체결했다. 이 제도는 한국에서 태국어 교육을 3년간 받은 학생이 태국에서 태국어 교육을 1년간 받게 한다는 협정이다.

3) 연구 성과

한국에서 태국어 교육이 50년 넘게 지속되는 동안 적지 않은 연구 성과가 나왔다. 어문학 관련 교재가 40여 종 출판되었고 1백여 편의 논문이 집필되었다. 사회, 문화, 지역연구 관련해서는 10여 권의 저서와 60편 이상의 논문이 출판되었다. 정치와 외교, 그리고 경제 분야 관련해서는 170여 편의 논문이 그리고 역사 분야에서도 50여 편의 논문이 출판되었다.

그러나 무엇보다도 주목할 만한 업적은 태-한 사전 및 한-태 사전 편찬일 것이다. 태-한 사전의 편찬은 7년간의 작업 끝에 1993년도에 출판했고, 한-태 사전 편찬은 13년간의 작업 끝에 2006년도에 출판했다. 태국어와 태국 문화를 배우거나 한국어와 한국 문화를 배우는 데

반드시 필요한 것은 각종 교재 외에도 양국어로 편찬된 사전이다. 상기 두 사전 편찬의 예산은 주로 한국 정부로부터 지원 받았지만 태국 외무성과 한국외국어대학교와 학문 교류 협정을 체결한 태국의 부라파 대학교에서도 찬조금을 받았다. 사전 작업에 참여한 편찬 위원들은 한국인 교수 7명이 처음부터 끝까지 20년간 참여했고 태국 측 위원은 1년에 두 명씩 교환교수로 파견되어 온 교수들이 임기 동안 참여했다(최창성 2008).

4) 외부 기관의 지원

한국외국어대학교와 주한 태국 대사관의 공동 주최로 한국에서 태국어를 전공하는 대학생들의 태국어 실력 향상과 학업 의욕을 고취시키기 위해 매년 1회씩 태국어 말하기 대회와 글쓰기 대회를 개최한다. 이는 태국어를 전공하는 한국외국어대학교 서울 캠퍼스와 글로벌 캠퍼스, 부산외국어대학교 태국어과 학생들을 대상으로 한다. 참가자 수는 각 캠퍼스에서 말하기 대회 5명 및 글쓰기 대회 5명 그리고 통역 5명 총 30명이 참가하며 심사 위원은 주한 태국 대사관의 고위 관리 4명으로 구성된다. 말하기 및 글쓰기 대회의 최우수 학생 2명은 서울-방콕 왕복 항공료와 1주일간의 태국 체재비를 제공 받으며, 2등과 3등에게는 각각 상금과 부상이 수여된다.

이와 같은 태국어 말하기 대회와 글쓰기 대회는 1980년대와 1990년대에 몇 차례 개최된 바 있으나 IMF 금융 위기로 인한 양국의 경제적 어려움 때문에 몇 년간 중단되었다가, 2006년도와 2007년도에 와씬 티라웨차얀(วศิน ธีรเวชญาณ) 당시 주한 태국 대사의 협조를 얻어 한국외국어대학교 태국어과에서 부활시킨 것이다. 이 행사는 태국어를 전공하는 대학생들에게 학업 의욕을 고취시키며 태국어 실력을 가늠해 보는 매우 유익한 행사로 학생들 간에 대단한 관심과 인기를 끌고 있다.

이상에서 언급한 바와 같이 한국외국어대학교와 부산외국어대학교는 한국에서 태국어 교육계의 두 기둥으로서 한-태 간의 언어·문화 교류의 증진은 물론 학문 분야에서도 협력과 발전을 이룩하는 데 크게 기여할 것이다.

2. 태국에서의 한국어 교육

태국에서의 한국어 교육은 1986년 국립 쏭클라 대학교에서 시작되었다. 당시에는 아직 많이 생소했던 한국어가 정규대학에서 개설된 것은 획기적인 일이었다. 그러나 25년이 지난 현재 18개 대학에서 한국어 강의가 이루어지고 있으며, 일부 고등학교에서도 한국어 교육이 시작되고 있다. 이는 점진적인 발전이라기보다는 최근에 이르러 급성장하는 추세에 있다. 1980년대 후반에 처음 시작된 한국어 교육이 1990년대 들어 8개 대학으로 늘어나고, 2000년대 들어 10개 대학이 더 늘어 총 18개 대학에 이르고 있다.

정환승(2008a)에 따르면 태국에서 한국어 교육의 지속적 성장세는 한류와 무관하지 않다. 우선 한국과 태국의 경제적 관계라는 측면에서 볼 수 있다. 현재 태국에는 한국 기업들이 많이 진출해 있다. 삼성·대우·엘지 등과 같은 대기업뿐만 아니라 많은 중소기업들이 태국에 법인을 설립하고, 공장을 옮겨 태국인을 고용하여 제품을 생산하고 있다. 이들 한국 기업은 가능하면 영어보다 한국어로 의사소통이 가능하고 한국인의 정서와 사고방식·문화를 이해할 수 있는 사람을 원한다. 다른 한편, 태국은 동남아시아의 대표적인 관광지이다. 해마다 1백만명 안팎의 한국인 관광객이 태국을 여행한다. 그러나 관광 분야에서는 한국어를 잘 할 수 있는 태국인 인력이 아직은 매우 부족하다. 특히 한국어를 구사할 수 있는 여행 가이드, 호텔 직원, 식당 직원, 상품 판매원 등의 숫자가 턱없이 부족하다.

이외에도 다양한 목적으로 한국어를 공부하고 싶어 하는 태국인들이 많이 있다. 한국에 와서 일하고 싶어 하는 태국인 근로자도 한 해에 수천 명에서 수만 명에 달하며, 현재 한국에서 일하고 있는 태국인 근로자는 수만 명에 달한다. 따라서 정규 교육기관 외에 곳곳에 산재되어 다양한 목표를 가지고 한국어를 배우고자 하는 잠재적인 한국어 학습자의 수는 헤아리기 어려울 정도이다. 특히 근래에는 한류 열풍이 불면서 대중 매체의 영향을 받아 한국에 대한 관심이 증폭되고 있다. 현재 태국에는 한국 드라마·만화·노래·영화·소설·게임 등이 대량으로 쏟아져 들어오고 있다. 이러한 영향으로 태국인의 한국어 학습 열기는 그 정도를 더해 갈 것으로 보인다.

1) 한국어 교육의 발전 배경

태국에서 한국어 교육이 활성화될 수 있었던 배경을 살펴보자. 1986년 국립 쏭클라 대학교에서 한국어 교육이 시작되어 전공과목으로 개설되기까지 10년이 걸렸다. 그러나 2000년대 들어 한국어를 개설하는 대학이 급증했는데, 과정에서 어떤 상황 변화가 있었을까.

(1) 한류의 상륙

2002년 태국에 상륙한 한류는 학생들뿐만 아니라 일반 사람들에게도 한국어에 관심을 갖게 만들었다. 한국의 영화와 드라마 그리고 대중음악을 접한 태국인들이 한국어를 배우고 싶어 했다. 아피싯 웨차치와(อภิสิทธิ์ เวชชาชีวะ) 전 총리는 자신의 딸이 한국어에 관심이 많다고 여러 차례 이야기한 적이 있다. 한국어에 대한 잠재적인 가능성과 수요가 증가하자 태국의 대학들은 경쟁적으로 한국어 강좌를 개설하고, 교양과목이나 선택과목으로 개설했던 대학들은 전공으로 개설하기 위해 한국어과를 설립하기에 이르렀다.

(2) 교민 사회의 성장

태국의 수도 방콕뿐만 아니라 제2의 도시 치앙마이, 남부의 관광도시 푸껫, 북동부의 컨깬 등과 같은 지방의 대도시에 한인 사회가 형성되고 발전하면서 한국어 교육 활성화에 이바지했다. 오늘날 주태 한국 교민의 수는 1만5천 명 정도로 추산되는데, 이들은 초기에 주로 방콕에 거주했으나 후에 점차로 지방의 대도시와 관광도시로 확대되었다. 태국 한인 사회가 성장함에 따라 한국어를 구사할 줄 아는 태국인에 대한 수요가 발생하게 되었다.

(3) 한국 기업의 진출

한국의 기업이 대대적으로 태국에 진출한 것은 1990년대 후반부터이다. 태국이 금융 위기를 맞이하고 한국과 무역수지 불균형이 발생하면서 한국의 화학제품, 산업용 기계, 전자 제품, 철강 제품 등의 수입이 늘어나게 되었다. 또 다른 한편, 태국에 생산 기지를 건설하는 한국의 기업이 늘어나게 되었다. 태국에 진출한 한국 기업을 통해 태국인들은 '한국적인 것'을 접할 기회가 생겼으며, 한국 기업에서 태국인의 일자리가 창출되면서 한국어에 좀 더 많은 관심을 갖게 되었다. 태국에 진출한 한국 기업은 250개에 달하며, 한국 음식점도 한때 4백 개에 달했으나 경제 위기를 겪으면서 현재 1백 개 정도 남아 있다. 태국에서 태국 기업보다 한국 기업의 보수가 더 높았기 때문에 많은 학생들이 한국 기업, 그 중에서도 삼성이나 LG 등 대기업에 취업하는 것을 선호한다.

(4) 관광

한국 관광객이 태국으로 몰려 든 것은 1980년대 후반 해외여행이 자율화되면서부터이다. 연간 1백만 명 안팎의 관광객이 태국을 다녀가면서 관광산업과 직접 관련이 있는 여행사가 늘어나고, 간접적으로 관련이 있는 음식점과 기념품, 숙박업 등에서 활기를 띠게 되었다. 외국인 가이드를 허용하지 않는 태국의 법규에 따라 한국어를 할 줄 아는 가이드가 필요했고, 부수적으로 태국인이 일할 수 있는 일자리도 늘어났다. 태국 사회에서는 가이드에 대한 선호도가 높은 편이어서 한국어를 전공하고 가이드가 되겠다는 희망을 가진 학생들이 많은 편이다.

2) 한국어 교육 현황

태국의 각 대학에서 한국어 교육이 시작되기 전에 소수 대학 부설 연구소의 일부 학자들에 의해 한국학에 대한 교육과 연구가 먼저 시작되었다. 1980년대 당시 태국은 한국의 경제 발전과 새마을운동 등에 관심이 많았기 때문이다. 당시 한국학에 관심을 가지고 있던 연구 기관은 탐마쌋 대학교 동아시아연구소, 쭐라롱껀 대학교 아시아연구소, 씨나카린위롯 대학교 아시아-아프리카연구소 등이다. 이외에 탐마쌋 대학교와 태국상공회의소 대학교에서 한국학을 교양 선택 과목으로 강의한 바 있다(최창성 2008). 하지만 강의 내용은 한국의 정치 및 경제에 국한되어 있었으며, 한국어 강의와 비교했을 때 교수진도 몇 사람 안 되고 한국어를 읽거나 한국어로 된 교재를 사용하는 교수가 없었다는 한계가 있었다.

태국 대학교에서 실질적인 한국어 교육은 1986년 국립 쏭클라 대학교에서 시작되었다. 이후, 1988년에는 한국어를 배우려는 학생 및 일반인들을 위해 쑤안두씻 교육대학에서 비정규 과목으로 야간 한국어 강좌를 개설했다. 또한 1989년에는 쭐라롱껀 대학교에서도 일반인들을 위한 교양과정으로 한국어 교육이 시작되어 1991년부터는 한국어가 학부의 교양 선택과목으로 개설되었다. 그 다음으로 한국어를 정규 교과 과목으로 개설한 대학은 부라파 대학교이다. 부라파 대학교는 1995년에 한국어를 교양과정에 선택과목으로 시작하여 5년 만에 전공으로 개설하였다.

1990년대 중반에는 한국어 교육이 태국의 여러 대학교로 빠르게 확산되었다. 쏭클라 대학교는 그동안 교양과정과 부전공으로 운영하던 한국어를 1999년에 전공 과정으로 개설했고, 2000년에는 부라파 대학교,

표 4-4 | 태국 고등교육 및 정부 기관 한국어 강좌 개설 현황

번호	대학명(지역)	중·고교 한국어 연계	비고
1	쏭클라 대학교 (빳따니 캠퍼스)		* 86년 선택 * 98년 부전공 * 1999년 전공
2	쏭클라 대학교 (푸껫 캠퍼스)		* 2000년 선택
3	부라파 대학교 (촌부리)		* 95년 선택 * 99년 부전공 * 2000년 전공
4	씬라빠껀 대학교 (나컨빠톰)		* 2000년 선택 * 2002년 부전공 * 2003년 전공
5	씨나카린위롯 대학교 (방콕)		* 99년 선택 * 01년 부전공 * 2005년 전공
6	쭐라롱껀 대학교 (방콕)		* 89년 선택 * 2008년 전공 예정
7	탐마쌋 대학교 (방콕)	중고등학생을 위한 한국어 교육도 병행	* 2001년 선택
9	마하싸라캄 대학교		* 97년 선택 * 04년 부전공 * 2005년 전공
10	컨깬 대학교		* 98년 선택
11	람캄행 대학교 (방콕)		* 95년 선택
12	랏차팟나컨파놈 대학교		* 2004년 선택
14	랏차팟푸껫 대학교		* 2004년 선택
15	랏차팟치앙마이 대학교		* 2006년 선택
16	까쎗쌋 대학교	중고등학생을 위한 한국어 교육도 병행	* 2004년 훈련 과정
17	치앙마이 라차망갈라 테크놀로지		* 2005년 선택
18	탁신 대학교		* 2005년 선택

자료 : 한국어세계화재단.

2003년에는 씬라빠껀 대학교, 그리고 2005년에는 씨나카린위롯 대학교와 마하싸라캄 대학교가, 그리고 최근에 랏차팟치앙마이 대학교와 나레쑤안 대학교가 한국어를 전공으로 개설하였다.

한국어를 전공 과정으로 개설한 위 대학교 외에 쭐라롱껀 대학교와 탐마쌋 대학교, 쏭클라 대학교 푸껫 캠퍼스, 컨깬 대학교, 람캄행 대

표 4-5 | 한국어를 가르치는 중고등학교

구분	학교명	학년	학생 수
2008	벤짜마라추팃 빳따니	고1	27
		고2	40
2009	벤짜마라추팃 빳따니	중3	40
		고1	47
		고2	25
2009	왓마꿋까쌋 방콕	중1	40
		고1	27
2010	싸뜨리쎗타붓		
	핫야이 쏨분꾼깐야		
	마하왓치라웃 쏭클라		
	핫야이 위타야2		
	쭐라펀 위타야라이 나컨씨탐마랏		
2011	암맛파닛누꾼		
2011	싸뜬위타야		
2011	허왕		
2011	람빵깐라야니		

학교, 랏차팟나컨빠툼, 랏차팟푸껫, 랏차팟치앙라이 등 11개 대학이 선택과목으로 개설하고 있다. 또한 매 학기 한국어 강좌를 열 수 있는 것은 아니지만 수강 신청자 수에 따라 개설 여부가 결정되는 대학으로 방콕에 짠까쎔 대학교와 쑤언두씻 대학교가 있는데(이병도 2006), 이들 은 사범대학이었다가 종합대학으로 격상한 랏차팟 대학들이다

〈표 4-4〉에서 나타나듯이 태국에서 한국어 강의가 이루어지고 있 는 대학은 18개 대학에 이르고, 한국어를 전공으로 개설한 대학은 7개 대학에 이른다. 이는 동남아시아의 다른 국가들에 비하면 압도적인 수 치이다(빠릿 웡타나쎈 2006).

정규 대학 외에 일반 중고등학교에서도 한국어 교육이 시작되고 있다. 아직 초기 단계이므로 체계적이고 지속적인 교육은 아닐지라도 매우 의미 있는 일이라고 할 수 있다. 〈표 4-5〉는 한국어 교육이 이루 어지고 있는 중고등학교들이다. 태국의 일반 중고등학교는 통합되어

있어 1학년부터 6학년까지 있으며 4학년부터 우리나라 고등학교 과정에 해당된다(빠릿 웡타나쎈 2006).

(1) 교수진 현황

현재 태국은 한류의 영향에 힘입어 한국어 붐이 일고 있다. 그리하여 미처 준비가 제대로 되어 있지 않은 상태에서 한국어 강좌를 개설하는 대학들도 있다. 이러한 문제점을 파악한 태국의 교육부는 지난 2005년에 태국의 대학교 교육과정에 대한 새로운 기준을 마련하여 발표하였다. 이에 따르면 태국의 대학교에서 전공 교육과정을 운영하기 위해서는 5년 이내에 석사 학위 이상의 학력을 소지한 태국인 전임 교수가 5명 이상 확보되어야 한다. 따라서 태국에서 전공으로 한국어 과정을 운영하고 있는 7개 대학은 교육부가 제시한 조건을 충족시키지 않으면 안 된다. 이는 태국 교육부가 양적 증가에 따른 교육의 부실을 우려하여 질적 향상을 도모하기 위한 자구책으로 평가된다. 태국 내 한국어를 강의하고 있는 대학의 교수진 현황을 보면 〈표 4-6〉과 같다(정환승 2008a).

한편, 교수 1인당 학생 수를 보면 아직 한국어 교수 요원이 절대적으로 부족한 것으로 드러났다. 표에서 보는 바와 같이 한국인 교수를 포함한 교수 1인당 학생 수는 27명이며, 태국인 교수 1인당 학생 수는 43명에 달한다. 일부 대학교의 경우 사정이 좀 나은 편이기는 하지만 한국인 교수에게 의지하는 부분이 많아 한국인 교수가 지속적으로 파견되지 않는다면 교수 1인당 학생 수가 지나치게 많아진다. 또한 표에 나타난 학생 수는 전공 및 부전공으로 한국어를 배우는 학생으로, 교양과목으로 한국어를 수강하는 학생 수는 포함하지 않은 것이다.

표 4-6 | 교수진 현황

대학명	학생 수	교수진		
		태국인	한국인	계
쏭클라 대학교 빳따니 캠퍼스	120	6	2	8
쏭클라 대학교 핫야이 캠퍼스	44	1	1	2
쏭클라 대학교 푸껫 캠퍼스	40	1	1	2
쭐라롱껀 대학교	10	2	1	3
부라파 대학교	113	5	3	8
람캄행 대학교	90	1	-	1
마하싸라캄 대학교	113	2	1	3
컨깬 대학교	78	-	1	1
나레쑤안 대학교	91	3	1	4
씨나카린위롯 대학교	90	3	2	5
씬라빠껀 대학교	94	4	2	6
탐마쌋 대학교	193	-	1	1
까쎗쌋 대학교	-	-	-	-
랏차팟치앙마이 대학교	150	4	2	6
랏차팟푸껫 대학교	124	1	-	1
랏차팟나컨빠톰 대학교	38	1	-	1
탁씬 대학교	80	1	-	1
랏차팟수랏타니 대학교	70	-	1	1
합계	1,538	36	20	56

　　교수진의 또 다른 문제는 전문성 부족과 충원의 어려움이다. 우선 현재 확보된 전임 교수들도 세부 전공이 아예 없는 경우도 있고, 있다고 해도 지극히 일부가 주로 언어 분야에 몰려 있는 실정이다. 한국의 경제·역사·사회·문화 등의 다양한 세부 전공자가 필요한 실정이다. 또한 석사 학위 소지자를 충원하기 위해서는 태국에 석사과정이 없기 때문에 한국에 유학을 보내야 하는데, 태국 정부의 장학금은 지극히 제한되어 있으며 한국의 정부 장학금도 얻어내기가 그리 쉽지 않다. 또한 태국에서 교수 지위가 낮다 보니 한국에서 유학을 마치고 귀국한 유학생들이 한국어과 교수로 재직하기보다는 민간 기업에 취업하는 경우가 많다. 따라서 장학금을 지급할 때 학위를 받고나서 한국어과 교수로 재직한다는 조건을 강제할 필요가 있다. 아울러 장기적인 안목

표 4-7 | 한국인에 의해 저술된 한국어 교재 현황

저자	도서명	출판년도
정환승	한국어	1993
	한국어 회화	1994
	태국인을 위한 한국어 입문	1998
	한-태 태-한 학습 사전	1999

표 4-8 | 태국인에 의해 저술된 한국어 교재

저자	교재명	출판년도
분마 피핏타나 (บุญมา พิพิธธนา)	한국어1	1995
	한국어2	1996
	한국어3	1996
	한국어회화1	1994
	한국어 회화2	1994
	초급 한국어 읽고 쓰기	1995
	스스로 익히는 한국어 말하기	1994
	한국어 말하기	2008
	스스로 공부하는 한국어	2008

에서 보면 태국 내 대학에 한국어 또는 한국학 분야의 석사과정이 개설될 필요가 있다.

(2) 한국어 교재 현황

태국에서의 한국어 교육이 지니고 있는 문제 중의 하나는 교재 부족이다. 쏭클라 대학교의 경우 자체 개발한 교재가 몇 권 있기는 하나 극히 미미한 수준이다. 따라서 초급 단계의 말하기·듣기·읽기·쓰기 교재는 한국에서 보급된 교재를 활용하여 강의를 하고 있으나 효율성이 떨어지며 비즈니스·호텔·응용 분야 교재는 전혀 없는 실정이다. 또한 한국의 문화·정치·경제·역사 등의 한국학 분야에 대한 교재도 거

의 없다. 한국인에 의해 저술된, 태국인을 위한 한국어 교재 출판 현황
을 보면 〈표 4-7〉과 같다.

대부분의 대학들이 교재 부족 문제를 인식하고 있으나 교재를 개
발하는 데에는 장애가 많다. 우선 교재 개발 계획을 가지고 있더라도
예산이 가장 큰 문제이며 개발 능력에 한계가 있는 것 또한 사실이다.
태국의 대학에서 지원되는 예산은 지극히 한정되어 있으므로 한국 정
부 기관의 지원이 필요하며, 한국의 학술 기관이나 단체와 공동 개발
하는 것도 검토할 필요가 있다.

(3) 한국 정부의 지원

한국 정부는 일찍부터 태국에서의 한국어 교육을 지원해 왔다. 한
국학술진흥재단과 국제교류재단을 중심으로, 태국에서 한국어 과목
이 개설된 대학에 한국어 강사 파견, 한국학 자료 제공, 태국인 교수 요
원을 양성하기 위한 장학생 선발 등의 지원 정책을 통해 초기 한국어
교육의 기틀을 다질 수 있었다. 또한 후반부에는 어학연수 프로그램
및 한국어 교수진 연수 등의 프로그램을 통해 한국어 교육의 내실을
다졌다. 이런 한국 정부의 지원은 당분간 계속되어야 할 것으로 보인
다. 특히, 태국 교육부의 교수 충원 정책에 호응하기 위한 장학생 선발
과 교수진 연수 등의 프로그램과 교재 개발을 위한 지원이 절실히 필
요하다.

쏭클라 대학교의 찌라펀 교수는 교수 요원 양성이 매우 중요하다
고 강조한다. 태국 정부의 장학금은 여러 해 기다려야 제한적으로 받
을 수 있어 실효성이 적다고 한다. 같은 대학의 빠릿 교수는 3년 동안
투자하여 교수 요원을 양성하게 되면 배출된 교수는 30~40년 동안 근

무하면서 수 천 명을 가르칠 수 있는 인적 자원이 된다고 말한다. 그러나 현실적으로 보면 유학을 끝내고 돌아온 사람들이 교수직보다는 민간 기업에 취업하는 것을 더 선호한다고 한다. 태국에서 교수는 임금 수준이 그리 높지 않기 때문이다. 따라서 한국 정부에서 장학금을 지급할 때는 교수 요원에 한정하여 지급하고 가능하다면 해당 대학과 협조하여 귀국 후 일정 기간 의무 복무를 하도록 제도화하는 것이 바람직하다.

교수진 연수 프로그램 또한 중요하다. 태국인 교수들이 대부분 한국에서 석사 학위를 취득하는 데 걸리는 시간이 2~3년이다. 그리고 나서 태국에 돌아가 강의를 하다 보면 언어에 대한 감각도 줄고 언어 구사 능력도 떨어지게 된다. 따라서 1년에 한두 번씩은 태국이나 한국에서 어학연수 프로그램을 마련하는 것이 필요하다. 또한 각 대학당 한국인 교수 요원을 최소한 1~2인을 파견해 한국어 교육이 효율적으로 이루어질 수 있도록 지원해야 한다. 태국의 대학 재정상 한국인 외래 강사를 채용하는 데는 제약이 많기 때문이다.

교재 개발에 있어서도 한국 정부의 지원이 필요하다. 태국어로 기술된 교재가 절실히 필요한데, 태국의 대학에서 지원해 줄 수 있는 재정이 매우 제한적이어서 실제로 유용한 교재를 개발하기 어렵다. 또한 현재 태국인 교수들이 자체 개발하기에는 능력의 한계가 있다. 따라서 이들 대학에 한국인 전문 인력을 한시적으로 파견하거나, 한국과 태국의 관련 대학이나 기관이 컨소시엄의 형태로 다양한 교재를 개발해 나갈 필요가 있다. 현재 태국에서 한국어 교재는 대학에서 강의하는 데 필요할 뿐만 아니라 일반인들의 수요가 폭발적으로 증가하고 있는 실정이어서 이에 따른 공급 정책을 수립하는 것이 필요하다(정환승 2008a).

3. 태국에서의 한류

한태 관계는 정식 수교 반세기가 지난 2001년부터 새로운 국면을 맞게 된다. 이른바 한류라고 부르는 문화 현상이 태국에 빠른 속도로 자리를 잡기 시작했다. 한국의 드라마와 영화, 음악 게임 등이 태국인들로부터 지대한 관심을 받기 시작한 것이다. 오늘날 한류는 태국의 사회·문화 전반적으로 광범위한 영향을 미치고 있으며 그 파급효과도 매우 큰 것으로 나타났다. 50년 시간차를 두고 태국인들이 한국인을 다시 보기 시작한 것은 무엇 때문일까?

1) 한류의 배경

(1) 문화적 배경

태국이 한국에 대해 가지고 있었던 상대적 우월감을 버리고 자신들이 배워야 할 국가 개발에 성공한 이상적 모델로 바라보기 시작한 것은 1986년 아시안 게임과 1988년 올림픽 게임 이후부터이다. 2000년대에 이르러 태국에 한류가 상륙하고 태국인들이 한류에 열광하는 데에는 다음과 같은 문화적 배경이 있다(정환승 2008a).

첫째, 문화적 동질성과 이질성에 근거한 문화적 친화력이다. 태국은 13세기에 테라바다 불교를 받아들인 이래 불교문화를 바탕으로 한 정치·사회 문화가 형성되었다. 이에 비해 한국은 삼국시대에 불교를 수입하여 고려 말까지 불교문화를 꽃피워 오다가 조선시대에 들어서면서부터 억불숭유 정책으로 유교를 받아들여 이를 바탕으로 한 정신

세계를 구축했다. 태국인은 한국인이 가지고 있는 불교적 의식과 사고에 동질감을 느끼면서도 유교를 기반으로 한 한국의 전통적 사고에 약간의 이질감을 느낀다. 그런데 그 이질감이 태국인에게는 낯설지 않으면서도 신선함과 동경심을 일으키는 요소로 작용한다. 특히 가족 드라마에 나타나는 가풍 중시, 경로 효친, 장유유서 등의 전통을 통한 가족 간의 따뜻한 정은 태국인의 마음을 감동시키고, 드라마나 영화에 나타나는 가을 단풍과 설경 등의 영상미는 태국인으로 하여금 강한 매력을 느끼게 하는 부분이다.

둘째, 한국 문화 상품의 상대적 우수성과 이를 통한 대리 만족이다. 한국의 영화와 드라마의 완성도가 높아지면서 한국 배우들의 뛰어난 연기력과 영상미, 그리고 극중에 나타나는 한국 사회의 물질적 풍요와 디지털 문화 등은 태국인들에게 매우 경이로운 것이며 같은 아시아인인 자신들이 머지않아 누릴 수 있는 미래 사회의 모습으로 보일 수 있는 것이다. 또한 한국의 가정과 사회에서 빈번하게 일어나는 연인들 간의 사랑과 질투, 고부간의 갈등, 가정과 회사 내에서의 갈등과 화해 등이 매우 사실적이고 실감나게 묘사되어 태국인들에게 공감을 불러일으키면서도 자신들에게는 부족하다고 생각되는 면을 극중에서 발견할 수 있다. 즉, 한국인의 정을 바탕으로 한 끈끈한 인간관계와 유교적 사상을 바탕으로 한 자수성가 정신과 성취욕, 근면하고 성실한 삶의 모습 등은 태국인으로 하여금 그들이 배워야 할 삶의 자세라고 생각하기에 충분하다.

셋째, 태국인이 원하는 대체 문화가 필요했다는 점이다. 태국은 경제 성장으로 생활수준이 어느 정도 향상됐지만 그 수준에 맞는 문화가 존재하지 않았다. 2000년대 들어 태국에서는 서구 문화에서 탈피해

아시아권 문화 틀을 형성하려는 움직임이 활발히 나타나고 있었다. 태국에서는 한때 홍콩·대만·일본의 영화나 드라마가 유행했지만 시청자가 식상해 하는 단계에 접어들었다. 이때 한국의 문화 상품이 파고들었던 것이다. 한국은 아시아권에서 비교적 서구 문물을 융통성 있게 받아들여 이를 아시아적 가치와 접목시켜 체화하는 과정을 거쳐 나온 문화적 상품을 선보이기 시작했는데, 이는 기존의 서구 문화나 일본·홍콩·대만·중국의 문화 등과 차별성을 갖게 되어 태국인들의 문화적 소비 욕구를 충족시킬 수 있었다.

(2) 경제적 배경

한국과 태국은 1959년 정식으로 수교한 이래 긴밀한 관계를 맺어 왔다. 한국이 전쟁으로 인한 피해를 고스란히 안고 경제개발을 시작할 때 태국은 한국보다 경제력이 우월했다. 그러나 1968년 한국의 1인당 국민소득이 태국을 앞질렀고, 1970년대 후반에는 한국이 2.79배, 1990년대 중반에는 3.63배 앞섰다. 2006년도 기준으로 보면 한국이 1만7,422달러이고 태국이 3,074달러로 5.66배가 된다.

한국과 태국의 교역량을 보면 태국이 공업화를 본격적으로 추진하기 시작한 1980년대부터 양국 간 교역이 증가해 1996년 최고액을 기록, 양국 간 교역 규모는 39억 달러에 달했다. 그러나 태국이 1997년, 한국이 1998년에 각각 외환 위기를 겪으면서 1998년 교역량은 1996년의 58% 수준인 21억 달러로 격감하였다. 1999년에 이르러 양국 모두 경제 회복기에 들어서면서 교역량은 점차 늘어, 1999년도에는 22%가 증가한 28억 달러를 기록했다. 2002년에는 양국 간 교역 규모가 처음으로 40억 달러를 돌파하기도 했다. 2006년 태국에 대한 한국의 총 교역량은 75억7,400만 달러를 기록했다. 2006년도 기준으로 보면 태국은 우리나라의 16대 수출국이다.[3]

투자 관계를 보면 태국에 대한 한국의 투자가 가장 활발했던 기간은 1990년대 후반이었으나 이후 양국이 경제 위기를 겪으면서 투자가 급감했다. 최근 들어 다시 태국 투자가 조금씩 증가하고 있는 추세이다. 2002년의 경우 태국에 대한 투자는 7,650만 달러에 달해 전년도보다 큰 폭으로 증가했다. 2003년에는 2002년보다 소폭 증가한 40건, 8,450만 달러가 태국 투자청의 승인을 받았다. 2004년 들어서는 한국의 전자·통신 업계의 진출이 두드러졌으며 2005년 태국에 대한 직접투자는 전년 대비 21% 감소한 5천8백만 달러를 기록했다. 2006년에는 전년 대비 187.8% 증가한 1억6백만 달러에 이르렀다.[4] 태국 투자청은 2004년 7월부터 한국 기업의 투자를 유치하기 위해 별도의 부서를 신설하는 등 적극적으로 나서고 있다.

한국과 태국의 경제적 관계가 더욱 긴밀해지고 교역량 및 태국에 대한 투자가 늘어나면서 태국을 찾는 한국인 관광객 숫자도 급증했다. 1986년 8천 명 내외였던 한국인 관광객 수는 1995년에 30만 명을 넘어섰고 2002년에 70만 명을 웃돌았다. 그리고 2006년에는 1백만 명을 돌파하였다. 현재 한국인 관광객 수는 태국 내 외국인 관광객 중 10위 안에 들며, 한국인 관광 선호도에서 태국은 미국과 일본에 이어 3위를 차지하고 있는 것으로 나타났다(김홍구 2005).

3_http://www.globalwindow.org.

4_태국투자청 통계월보, http://www.boi.go.th.

2) 태국의 한류 현황

대만에서 시작된 한류 열풍이 중국과 베트남 그리고 홍콩으로 뻗어 나가고 나서 한발 늦게 태국에 상륙한 것은 2002년 무렵이다. 한국 드라마를 고정적으로 방영하는 텔레비전 채널이 경쟁적으로 생겨났고, 시내 주요 영화관에서 한국 영화가 지속적으로 상영되었다. 또한 한국에 관한 출판물들이 쏟아져 나오고 각 대학을 중심으로 한국어 교육 열기가 급속도로 퍼져 나갔다.

드라마는 2002년 지상파 방송에서는 〈가을동화〉를 시작으로 〈겨울연가〉, 〈인어아가씨〉, 〈옥탑방 고양이〉 등 연간 다섯 편 정도가 방영되었고 케이블 텔레비전에서는 〈쉬리〉, 〈칼라〉, 〈화산고〉, 〈레베라메〉 등이 방영되었다. 한국 영화는 2003년부터 시작하여 〈엽기적인 그녀〉와 〈클래식〉 등 50편 이상이 상영되었다. 일부 젊은 층에서는 태국 내에서 상영되지 않은 영화를 한국에서 구입한 DVD를 통해 관람하기도 한다. 한국에 관한 도서로는 일반 소설은 2003년 〈가시고기〉를 시작으로 예닐곱 권이 출판되었으며 한류 소설로는 〈가을 동화〉를 시작으로 최근 〈태극기 휘날리며〉와 〈대장금〉까지 여러 권이 출판되었다. 전자 온라인 게임으로는 〈라그나로크〉와 〈리니지〉 등 대여섯 개의 게임이 폭발적인 인기를 끌고 있다. 이 밖에도 장동건·배용준·전지현·세븐·비 등 한류 스타들의 팬클럽이 생겨나고 이들의 행사에는 1천여 명에 이르는 일반 소비자와 40여 개의 방송 언론 매체가 참여하였다.

이처럼 태국에서 한류는 드라마, 영화, 음악 등에서 시작했지만 게임, 소설, 한국 음식, 한국어 교육 등 한국 관련 문화 및 일반 상품 전반으로 확대되고 있다. 태국 사람들이 한류에 빠져드는 이유는 태국인이 한국인에게 느끼는 동질감과 한국 문화 상품의 상대적 우수성을 바탕으로 하고 있다. 과거, 멀게만 느껴졌던 한국인이 영화와 드라마, 음악을 통해 자신들과 유사한 코드를 소유한 같은 아시아인이라는 걸 실감하면서, 다른 한편으로는 한류에 나타난 한국인의 이미지를 앞으로 자신들이 추구해 나가야 할 하나의 이상적 모델로 보고 있는 것이다.

3) 한류의 효과

한류의 효과를 정확히 진단하기는 쉬운 일이 아니지만 한태 관계 50년사에서 획기적인 변화를 가져 온 것은 사실이다. 옛날에는 중국의 한 소수민족쯤으로 인식했고 근대에 들어서는 일본의 식민지를 거쳐 냉전 시대 남북으로 분단되어 동족상잔의 아픔을 겪었던 나라, 장기간 군부독재를 겪으면서 경제 발전과 민주화를 이룩한 나라, 태국과 무엇인가 동질성을 가지고 있으면서도 많이 다른 나라인 한국은 이제 자신들이 따라 하고 배워야 하는 나라 등으로 인식되고 있다. 한류의 효과 중에서 가장 눈에 띄는 것은 한국에 대한 이미지가 변화했다는 것이다.

(1) 국가 이미지 제고

국가 이미지란 특정 국가에 대한 인식의 총체를 말한다. 태국인들이 한국에 대해 갖는 전통적 이미지는 '아리랑' '아리당'이나 '인삼' 정도였다. 그 뒤 1970년대 들어서 한국은 남북으로 분단되어 전쟁이 일어날 가능성이 높은 나라, 위험한 나라, 군사독재, 데모하는 나라 등으로 변화되었다. 이때까지 한국에 대한 이미지는 주로 부정적이었다. 그러나 1986년 아시안 게임, 1988년 올림픽 게임 등을 거치면서 한국의 국제적 위상이 높아지기 시작했으며 군부독재가 종식되고 민주화를 이룩해 가는 나라로 바뀌기 시작하였다. 1990년에 이르러서는 경제적으로 도약하여 자동차와 전자 제품 등의 국가 경쟁력이 신장되고 아시아의 신흥공업국으로 부상하게 되었다. 이때부터 태국인은 한국을 민주화를 이룩하고 경제 발전에 성공한 아시아의 모범 국가로 인식하게 되었다. 1990년대 말에 한류라는 새로운 현상이 중국과 일본, 홍콩, 베트남 등을 강타하고 2000년대 초반에 태국에도 상륙하자 태국은 한국을 문화산업의 주도국으로 인식하게 되었다(강철근 2005).

1990년 이전 태국에서 한국의 이미지는 남북한 대치와 긴장, 군부독재, 경제성장 등으로 인식되다가 한류가 유입되면서 사회 문화 발전을 토대로 한 문화 선진국으로 자리매김하게 되었다. 문화 강국이 동남아와 동아시아 사회의 모범 국가로 발전할 수 있다는 것을 보여 주었다. 태국인의 시각에서 보면 한국은 매우 역동적이고 변화하는 나라, 애국심이 강한 나라, 짧은 기간에 경제성장을 이룩한 나라로 인식하고 있다. 이런 인식의 변화는 한국의 영화와 드라마, 음악, 온라인 게임, 한국어 교육의 확산 등에 힘입은 바 크다. 이를 통해 태국인들은 한국과 한국인, 한국 문화에 대한 친근감과 동경, 그리고 따라 해보고 싶은 욕구를 갖게 되었다. 이 같은 한국의 국가 이미지는 경제적 효과를 창출하는 밑바탕이 되었다.

(2) 경제적 효과

한류의 경제적인 효과는 한국 문화 상품의 수출과 같은 직접적인 효과와, 한류를 바탕으로 형성된 한국 상품에 대한 긍정적 이미지를 통해 수출이 늘어나는 간접 효과, 그리고 한국 관광이나 관련 서비스업에 미치는 부수적인 효과로 나눌 수 있다. 한류가 확대되는 과정에서 문화 상품의 수출이 이루어지고, 이는 다른 경제 분야로 파급효과를 창출하면서 문화적 현상과 동시에 경제적 효과가 발생한다. 즉, 한류의 직접적인 경제 효과는 한국 상품의 수출 증대로 이어지고 이는 다시 문화산업의 성장 동력으로 작용하면서 선순환이 이루어지는 것이다. 한류의 간접적인 경제 효과는 국가 브랜드의 제고, 한국산 일반 상품에 대한 선호도 증가와 방한 관광객의 증가 등을 들 수 있다.

실제로 한국은 한류를 통해 문화산업의 경쟁력을 높일 수 있었고 문화적·경제적 파급효과를 기반으로 다양한 시너지 효과를 창출했다. 또한 한국을 찾는 방문객이 증가했는데, 특히 태국에서 드라마 〈대장금〉이 방영된 이후 한국의 전통 음식은 태국인들에게 한국 방문의 동기를 강하게 부여하고 있다. 2007년 외래 관광객 실태 조사를 보면 대장금 파크를 방문하는 관광객 수는 다른 나라보다 태국인이 23.4%에 달해 상대적으로 높은 비중을 차지하고 있다. 한국에서 쇼핑한 품목 중에서도 인삼이나 한약재가 40.7%로 가장 높고 다음이 의류 36.0%, 식료품 32.9%, 김치 23%로 나타났다. 한국을 여행하게 된 동기를 묻는 설문 조사 결과를 보면, 자연 풍경 감상이 58.5%로 가장 높게 나타났다. 태국에도 계절이 있기는 하지만 한국처럼 계절 변화가 뚜렷하지 않아 계절마다 다르게 나타나는 단풍이나 설경과 같은 풍경이 없다(김성섭·김미주 2009).

4) 한류의 영향

(1) 언어적 영향

1980년대만 하더라도 태국인들은 한국에 대해 잘 알지 못하고 관심도 적어 굳이 한국어를 배우고자 하는 사람이 없었다. 따라서 태국에서 한국어를 가르치는 교육기관은 전무했다. 태국에서 한국어 교육이 시작된 것은 1986년 남부의 국립 쏭클라 대학교에서 교양과목으로 개설하면서부터이다. 당시에 한국어를 배우는 학생들은 대부분 한국에 대해 아는 바도 많지 않았으며, 단지 새로운 외국어에 대한 호기심에서 배웠다. 그러나 앞서도 말했듯이, 현재 한국어를 가르치는 대학교가 18개 대학으로 늘어나고 전공으로 개설한 학교도 7개나 된다. 대학 외에 일부 중고등학교에서도 한국어 교육이 시작되고 있으며, 일반인을 대상으로 한 한국어 학원이 생겨났다. 주로 한국에 가서 일하고자 하는 이주 노동자들이 한국어를 배우는데 이들은 대부분 북동부 사람들이다.

2000년대 초반, 한국과 태국 간의 문화 교류가 활발해지고 태국에 한류 바람이 불면서 일반인들 가운데 한국의 대중문화를 동경하고 즐기는 사람들이 많아졌다. 이들이 한국어를 배우고 싶어 하면서 시중에 한국어를 가르치는 어학원이 생겨나기 시작했다. 지금은 대도시에 가보면 한국어로 된 간판을 적지 않게 발견할 수 있다. 한국어와 한국 문화의 확산은 태국인의 언어생활에도 영향을 미치고 있다. 드라마 〈대장금〉은 태국인들이 가장 즐겨 본 한국의 영상 매체이다. 일부 태국인은 대장금을 '대짱깜'으로 발음하는데 이는 '너 너무 까맣다'라는 뜻이 된다. 또한 '당짱깨'라고 발음하면 '너는 인기가 많다'라는 뜻이 된다.

그리고 '댁짱믕'이라고 발음하면 '너 너무 많이 먹는다'라는 뜻이 된다. 한국 드라마로 인해 생겨난 태국인들의 언어유희라고 할 수 있다(빠릿웡타나센 2007). 이 밖에 한국의 음식명을 태국어로 번역하거나 새로 만들어 쓰지 않고 그대로 차용해서 쓰기도 한다. 라면, 김밥, 김치, 불고기, 라면, 삼계탕 등은 태국 사람들이 그대로 사용하는 말들이다. 또한 '오빠', '언니'와 같은 말들도 태국어로 번역하거나 대응어를 사용하지 않고 한국어 그대로 사용한다. '사랑해요', '예뻐요', '귀여워요'와 같은 표현을 한국어로 하고, 심지어는 '얼짱', '몸짱', '꽃미남' 같은 신조어를 사용하기도 한다. 이러한 언어 차용 현상은 앞으로 계속 늘 것으로 전망된다.

(2) 경제적 영향

한류의 영향으로 한국의 문화 상품들이 빠른 속도로 유입되었다. 이제는 태국에서 '한국 물건은 껌까지 살 수 있다'라는 말이 있을 정도이다. 특히 청소년들은 한국 물건을 사용하는 것을 하나의 유행으로 간주하고 있다. 대중문화 상품으로 영화, 텔레비전 드라마, 음반, 온라인 게임 등이 속속 수입되었다. 2002년에 한두 편만 방영되던 드라마는 이후 각 방송국마다 한국 드라마를 방영하게 되었다. 태국의 드라마 방영 내역을 살펴보면 〈표 4-9〉~〈표 4-12〉와 같다.

한국의 영화와 온라인 게임 수입도 급증하였다. 김홍구(2005)에 의하면 영화 〈엽기적인 그녀〉가 개봉한 뒤에 6주간 약 12만8천 명의 관객을 동원하여 12만7천 달러의 수입을 올렸다고 한다. 그리고 〈내 사랑 싸가지〉 영화는 6만3천 달러에 팔렸으며, 온라인 게임의 태국인 소비자는 약 60~70만 명 정도라고 한다. 이러한 통계를 보면 한류가 경

표 4-9 | 채널3 방영 드라마

제목	원제	한국 방송 종료 시기	제작처
Term of Endearment	애정의 조건	2004년 10월	KBS
Fire Work	불꽃놀이	2006년 7월	MBC
90 Days, Time For Love	90일 사랑할 시간	2007년 1월	MBC
The Daring Sister	발칙한 여자들	2006년 9월	MBC
Flower For My Life	꽃 찾으러 왔단다	2007년 7월	KBS
Yi San	이산	2008년 6월	MBC
The Kingdom of wind	바람의 나라	2009년 1월	KBS
Golden Bride	황금신부	2008년 2월	SBS
The Painter of Wind	바람의 화원	2008년 12월	SBS
Il Ji Mae	일지매	2008년 7월	SBS
Ja Mong	자명고	2009년 7월	SBS

표 4-10 | 채널7 방영 드라마

제목	원제	한국방송 종료 시기	제작처
Hello God	안녕하세요 하나님	2006년 2월	KBS
Autumn in My Heart	가을동화	2000년 11월	KBS
Winter Love song	겨울연가	2002년 3월	KBS
Great Expectation	위대한 유산	2006년 6월	KBS
Summer Scent	여름향기	2003년 9월	KBS
Spring Waltz	봄의 왈츠	2006년 5월	KBS
All This Love	사랑한다면 이들처럼	2007년3월	SBS
My Sweet Tohram	내 사랑 토람이	2005년 신년특집극	SBS
Hwang Jin Yi	황진이	2006년 12월	KBS
One Fine Day	어느 멋진 날	2006년 7월	MBC
Hong Gil Dong The Hero	쾌도 홍길동	2008년 8월	KBS
Couple or Troble	환상의 커플	2006년 12월	MBC
Forbidden Love	구미호외전	2004년 9월	KBS
Foxy Lady	여우야 뭐하니	2006년 11월	MBC
Boys Over Flowers	꽃보다 남자	2009년 3월	KBS

제에 많은 영향을 미치고 있음을 알 수 있다.

　태국 내에서 한국 식당도 빠르게 늘어났다. 드라마에서 본 한국 음식을 직접 먹어 보려는 태국인이 많이 생겨났다. 예전에는 한국 음식점을 찾는 손님이 대부분 한국인이나 서양인이었지만 지금은 태국인이 80% 이상을 차지하고 있다. 태국인이 즐겨 먹는 음식은 김치, 불고

표 4-11 | 채널9 방영 드라마

제목	원제	한국 방송 종료 시기	제작처
My Sweet Seoul	달콤한 나의 도시	2008년 8월	SBS
Biscuit Teacher and Star Candy	건빵 선생과 별사탕	2005년 6월	SBS
How did To Survive in the School	달려라 고등어	2007년 5월	SBS

표 4-12 | 채널 트루 방영 드라마

제목	원제	한국 방송 종료 시기	제작처
Recipe of Love	사랑찬가	2005년 5월	MBC
30000 miles in search of my son	아들 찾아 삼만리	2008년1월	SBS
Special Investigation team	라이프 특별조사팀	2008년4월	MBC
Just Married	우리 결혼했어요,	2008~	MBC
I Am Happy	행복합니다	2008년 2월	SBS
Cruel Temptation	아내의 유혹	2009년 5월	SBS
Celebrity's Sweetheart	스타의 연인	2009년 2월	SBS
Who Are You?	누구세요	2008년5월	MBC
Terroir	떼루와	2009년 2일	SBS

자료 : http://happythai.co.kr/onbbs/view.php?&bbs_id=hrboard&page=&doc_num=3535.

기, 김밥 등이었는데 최근 들어 비빔밥이나 삼계탕도 즐겨 찾는다. 한국 식당은 주로 방콕의 중심가에 위치한 수쿰윗 12번가에 밀집해 있는데, 이 지역은 코리안 타운으로 불린다. 여기에는 한국 음식점뿐만 아니라 다양한 한국 상품을 파는 가게들이 많다.

한국의 영화나 드라마를 보고 한국을 찾는 태국인 관광객의 숫자도 늘어났다. 2004년 7만 명 남짓 하던 태국인 관광객은 2007년에 18만 명을 넘어섰다. 그 이후에 폭발적으로 증가하여 2008년 22만 명, 2009년 29만 명, 2010년에 40만 명, 2011년에 46만 명을 넘어섰다. 한국을 방문하는 태국인들의 이야기를 들어보면 적지 않은 사람들이 드라마나 영화에서 본 한국의 분위기를 실제로 체험하기 위해서라고 한다. 오늘날 남이섬을 찾는 외국인 중 태국인이 가장 많다고 한다. 남이 섬 안에 있는 식당이나 가게에는 태국어로 된 간판이나 안내문을 볼수 있다. 태국인들이 한국에서 구입하는 상품은 연예인들의 CD, 인삼, 화장품, 김, 의류, 액세서리 등이다. 태국인들의 한국 관광은 앞으로도 계속 증가할 것으로 보인다.

(3) 문화적 영향

태국에서 '한국적'이라는 말은 매우 세련되고 아름답다는 뜻이다. 한류의 영향으로 태국의 청소년들은 한국 따라 하기가 성행하고 있다. 영화나 드라마에서 본 한국 연예인의 캐릭터나 옷차림을 모방하는 것이다. 젊은 여성 중에는 드라마에 나오는 여주인공처럼 자신감 넘치고 강한 스타일을 부각시키려 하는 경향이 있고 옷차림과 화장도 그대로 따라 하는 경우가 많다. 한국 옷을 즐겨 입고 한국 화장품을 사용하면서 한국 사람을 닮고 싶어 하는 것이다.

태국에서 가장 성공한 드라마로 꼽히는 〈대장금〉은 한국의 다채로운 궁중 생활을 소개했을 뿐만 아니라 한국 음식을 전파한 것으로 평가된다. 한국 문화 중에서도 식생활 문화는 태국인의 시각에서 볼 때 매우 독특한 면이 있다. 특히 두드러지는 점은 가족이나 직장 동료들과 이야기를 나누면서 식사하는 것이다. 특히 직장에서 회식할 때 삼겹살을 구우며 이야기를 나누고 술잔을 주고받으며 친교를 나누는 장면은 매우 인상적이다. 한류의 영향으로 이런 식습관을 따라 하는 태국인들도 생겨나고 있다.

2000년 대 초반까지만 하더라도 한국으로 출장 가는 태국 공무원들 중에는 태국 쌀과 음식을 준비하는 경우가 있었다. 그때까지만 해도 한국에 대해 자세히 몰랐던 것이다. 태국에서 한류는 태국의 사회와 문화에 적지 않은 영향을 주고 있다. 한국은 태국인에게 전쟁으로 폐허가 된 가난한 나라에서 아시아의 용으로, 그리고 최근에는 가보고 싶은 나라, 배울 점이 많은 우방으로 인식되고 있다.

한국이 경제성장을 이룩하는 과정에서 한국 사람은 태국인들에게 성격이 급하고 거친 사람으로 인식되었다. 또한 한국에서 일하는 태국인 노동자들을 혹독하게 착취하는 이미지, 태국을 관광차 방문한 흥청망청 한국인들이 태국을 경시하는 행태에서 보이는 오만함 등이 대부분이었다. 그러나 한국 드라마는 한국인에 대한 인상을 좀 더 긍정적으로 변화시키는 순기능의 역할을 하였다.

한류 열풍은 한국 관련 상품에 대한 선호도를 증가시켰다. 태국에서는 한국 드라마를 통해 접한 한국 젊은 배우들의 의상·장신구·핸드폰·화장품 등이 소개되면서 한국산 제품에 대한 선호도가 높아졌으며, 김치와 삼계탕 등 한국 음식을 선호하는 사람들도 많아졌다. 또한 한국 드라마의 보급과 함께 한국어 교육을 희망하는 사람이 늘어남에 따라 태국 전역에 한국어과를 신설하는 대학이 증가해 현재 18개 대학에 이른다. 한국을 방문하는 태국인 관광객이 최근 5년간 연평균 7% 이상의 성장세를 유지하고 있다. 한류 열풍 이후에는 많은 사람들이 한국의 사회와 문화에 대해 잘 알게 되었고 실제로 다녀온 사람들에 의해 한국에 대한 이미지가 많이 달라지고 있다. 이제는 많은 태국 사람들이 가장 가고 싶어 하는 나라로 한국을 꼽고 있다. 이러한 한류 열풍은 최근 들어 단순히 즐기는 한류에서 학술적으로 연구하는 한류로 변화해 가는 양상을 보이고 있다.

4. 한국에서의 태류

한태 관계는 정치·군사적 관계에서 경제·통상 관계로 그리고 사회 문화 관계로 발전하면서 더욱 긴밀해졌다. 2000년대 들어 한국 대중문화의 열풍이 태국에 상륙하여 한류라는 이름으로 확산되어 최근 한국의 대중매체에서도 태국인이 소개되거나 태국 음식과 마사지, 태국 영화와 드라마, 그 밖의 다양한 태국 문화를 소개하는 프로그램이 자주 방영되기 시작했다. 태국에 대해 그다지 많이 알지 못하거나 관심이 적었던 사람들도 한국 언론에 자주 등장하는, 옐로우 셔츠와 레드 셔츠로 대변되는 정치 세력 간의 갈등에 대해서도 관심 있게 지켜보고, 2011년 홍수가 났을 때도 추이를 관망하면서 한국 경제에 미칠 파장을 우려하기도 했다. 또한 일상생활에서도 태국 음식을 맛보거나, 태국 마사지를 받거나, 태국의 영화나 드라마를 접촉하는 일이 빈번해졌다. 이러한 태류 현상은 한류 현상에 비해 미미한 수준이기는 하지만 한국에서 나타나고 있는 태국적인 현상이라고 말할 수 있다. 현재 한국에서는 일상적으로 경험할 수 있는 태국의 요소들, 태국의 이주 노동자와 국제결혼 이민자, 태국의 음식과 마사지, 영화와 드라마, 관광과 교육 등이 다양하게 나타나고 있다. 현재 한국에 거주하는 태국인 수는 2009년 기준으로 4만704명이며 이 중에서 등록된 태국인은 2만8,996명이고 취업 자격으로 온 사람이 2만6,441명이다. 결혼 이민자 수도 2,092명이며 유학생은 268명이다. 그리고 단기 체류자 수는 1만1,705명 더 있다.

1) 태류 현상의 배경

한국과 태국의 관계가 실질적으로 시작된 것은 한국전 전후라고 할 수 있다. 한국전을 통해 맺어진 양국 간의 유대감은 냉전 시대를 거치면서 끈끈하게 이어졌다. 한국에 대한 이미지는 참전 용사들을 통해 태국인들에게 전해졌다. 이 시기 태국인들은 한국을 전쟁으로 인해 폐허가 된, 가난하고 위험한 나라 정도로 인식했다. 또한 추상적으로는 인삼이 재배되는 나라, 〈아리랑〉이라는 전통 민요를 가진 나라 등이 전부였다. 한국인에게 태국이라는 나라는 키가 작고 피부가 약간 까맣지만 전쟁터에서 용감히 싸워 '작은 호랑이'라고 불리던 우방의 이미지를 가지고 있었다. 이후 경제적으로 한국보다 앞선 나라, 축구를 잘하는 나라, 미소의 나라 등으로 인식되었다. 그러나 한국이 급속한 경제 성장을 이루게 되면서 이런 인식은 바뀌어 갔다. 1968년부터 한국의 1인당 국민총생산이 태국을 앞서기 시작했으며, 1979년에는 태국의 2.79배가 되었다(김홍구 2009).

양국의 경제적 이해관계도 태류의 중요한 배경이 된다. 한국이 택했던 수출 주도형 발전 전략과 그로 인해 구축된 산업구조는 한국 경제를 해외시장, 외국자본과 기술, 외국인 노동력, 해외투자 등 국제경제에 의존하게 만들었다. 1980년대 본격적으로 공영화를 시작하는 태국도 상호보완적인 교역 구조를 갖고 있는 한국을 필요로 했다. 양국은 교역량을 늘리기 시작해 1996년 최고액인 39억 달러를 달성했다. 이후에도 잠시 외환 위기를 겪으면서 교역량이 격감하기도 했지만 꾸준히 증가해, 2007년에 양국 간 교역량은 83억 달러를 기록하였고 지난해인 2011년에는 138억 달러 가까이 되었다.

또한 1980년대 후반부터 한국인들의 태국 관광이 크게 증가했던 것도 태류의 배경이 된다고 볼 수 있다. 1986년 8천 명에 못 미치던 관광객 수는 점차 증가해, 1995년에 30만 명을 상회함으로써 40배 가까운 증가율을 보였다. 1995년 한국인 관광객 수는 동남아국가연합 관광객의 절반 정도를 차지하게 되었으며, 한국인 관광 선호도에 따르면 태국은 미국, 일본에 이어 3번째를 차지했다. 2005년 이후에는 1백만 명 이상으로 크게 늘어나 태국을 찾은 관광객 중 일본, 말레이시아에 이어 3위를 기록하고 있다. 한국인 관광객들의 태국 방문은 한국을 태국에 널리 알리는 계기가 되었을 뿐만 아니라 태국에서의 경험은 한국 속 태류 현상의 증가에 기여했다.

2) 태류 현상의 효과

태류의 효과는 이주 노동자들이 본국으로의 송금, 문화 상품의 수출 증대와 같은 직접적인 경제 효과뿐만 아니라, 태국의 이미지 제고로 인해 태국산 브랜드나 수출품의 판매 증가 같은 간접적인 효과도 기대할 수 있다. 그 밖에도 국가 이미지 제고와 같은 효과를 기대할 수 있을 것이다. 태류 현상의 확산은 태국의 이미지 제고에도 영향을 미쳤다고 할 수 있다. 태국과 태국인에 대한 한국인의 이미지는 양면적인데, 긍정적이고 밝은 나라, 개방적이고 중요한 나라, 변화하는 나라라는 인식을 갖고 있는 반면, 느린 나라, 깨끗하지 않은 나라, 역동적이지 않은 나라라는 인식도 아울러 갖고 있는 것으로 나타났다. 또한 태국인에 대해서는 좋은 사람, 진실성이 있는 사람, 윤리적인 사람 등의 긍정적인 이미지와 아울러, 다른 한편 거칠고 감정적이며 수동적이라는 부정적인 이미지도 가지고 있다(정환승 2008b). 한국의 태류 현상은 태국의 대중문화와 음식 문화, 태국 전통 마사지, 영화나 드라마와 같은 영상 매체, 그리고 이주 노동자와 국제결혼 등으로 다양하게 나타나고 있다.

(1) 대중문화

한국에서 인기를 끄는 태국의 대중문화는 음악이나 드라마보다 영화인데, 문화산업에 있어서 영화나 드라마와 같은 영상 매체는 상당한 비중을 차지하고 있다. 영상 문화는 우리의 시각과 청각에 가장 직접적으로 작용하는 요소이며, 문화 콘텐츠와도 상당히 밀접한 관계를 맺고 있다. 서양의 할리우드와 동양의 중국, 일본 영화에만 의존하였던 기존의 영화 소비 계층이 최근 다양해지고 있다. 기존의 정형화된 틀에서 벗어나 실험적이고 획기적인, 평소에 경험하지 못한 이질적인 문화를 수용하려는 욕구는 태국의 영상 문화에 대한 관심으로 나타난다.

태국은 아시아 국가들 중 공포 영화 제작이 가장 활발하다고 볼 수 있다. 이전에는 〈주온〉, 〈링〉 등의 작품으로 대표되는 일본이 공포 영화 제작의 메카였지만, 이제는 아시아 공포 영화 시장의 60% 정도를 태국이 점유하고 있을 정도로 다양하고 참신한 호러물이 만들어지고 있다. 태국의 공포 영화는 초기에는 일본의 것을 모방하는 정도였지만 지금은 독자적인 태국의 정서가 들어간, 수준 높은 작품을 만들어 낸다. 태국산 공포 영화가 본격적으로 주목받기 시작한 것은 2002년 개봉한 옥사이드 팽 감독의 〈디 아이〉를 통해서다. 이 작품은 한국을 비롯해 세계적으로 상당한 인기를 끌었는데, 대부분의 한국 사람들이 영화를 보지 않았어도 제목과 내용을 대충이나마 알고 있을 정도이다. 그 이후 〈서터〉(2005), 〈샴〉(2007) 등의 영화가 인기를 끌었고, 매년 여름이면 수많은 태국의 공포 영화가 한국의 극장가를 점령하고 있다.

또한 옹박 시리즈로 대표되는 액션이나 그 외 공상 과학 장르의 영화도 큰 성장을 거두고 있다. 또한 얼마 전에는 태국-한국 합작영화인 〈더 킥〉이 개봉됐다. 옹박 시리즈를 연출했던 쁘랏야 핀깨우(ปรัชญา ปิ่นแก้ว) 감독의 이 영화는 한국에서 태권도를 가르치던 부부가 태국으로 건너간 뒤 벌어지는 일을 그린 영화이다. 한국의 전통 무술인 태권도가 영화 곳곳에 등장하고, 배경은 태국이니만큼 태국의 생활 방식과 자연환경 등을 좀 더 친숙하게 볼 수 있다.

태국 영화가 한국에 진출하게 된 배경에는 부산국제영화제, 부천판타스틱영화제, 전주국제영화제 등을 통해 한국 관객에게 선보일 기회가 많아졌기 때문이다. 특히 2007년 부산국제영화제에서는 20만 명의 관객을 동원하였다. 태국 영화는 한국 관객이 흥미를 가질 요소를 갖추고 있다. 액션 영화의 경우 〈옹박〉 시리즈에서 볼 수 있듯이 컴퓨터 그래픽이나 와이어를 사용하지 않은 리얼 액션이라는 점과, 공포 영화의 경우 업보 사상에 의한 불교적 배경이 한국인의 정서와 맞아떨어지는 경향이 있다.

오늘날 많은 영화팬들은 기존처럼 극장을 이용하기도 하지만, 대부분이 인터넷을 통해 다운로드를 받아 자신이 원하는 시간에 원하는 장소에서 즐겨 보기를 원한다. 태국 영화 역시 극장에서보다는 이처럼 다운로드를 통해 대중과 접하는 경우가 훨씬 많다. 이는 영화뿐만 아니라 드라마 분야에서 더욱 활발한데, 〈봉황혈〉, 〈초승달과 햇빛〉, 〈초콜렛 사랑〉 등 한국의 트렌드 드라마와 흡사한 구조를 지닌 드라마들이 케이블은 물론, 인터넷을 통해 한국 드라마 시장에 등장하기 시작하고 있다.

(2) 음식 문화

처음 이태원에 한두 곳 들어섰던 태국 식당이 지금은 숫자를 파악하기 힘들 정도로 많아졌다. 일부 태국을 다녀온 한국 사람들이 태국 음식에 심취하고 나서 다시 찾거나 한국에 거주하는 태국인들, 특히 이주 노동자를 대상으로 한 음식점도 늘고 있다. 또한 옛날에는 먹어보기 힘들었던 태국산 열대 과일, 즉 망고스틴, 두리안 등을 이제는 백화점이나 할인 매장의 식품 코너에서 쉽게 찾아볼 수 있다. 또한 몇 해 전부터 여러 나라의 전통 음식점이 한국인의 입맛에 맞게 재탄생되어 곳곳에 등장하기 시작했는데, 그중 태국 음식은 독특한 향신료와 다양한 재료로 한국인의 입맛을 사로잡고 있다.

역사적으로 문물을 받아들이는 데 개방적인 태국의 특성은 요리에서 가장 잘 나타난다. 태국 요리는 중국·인도·포르투갈·캄보디아·말레이시아 등 주변국의 영향을 받아 카레·고추·해산물·면류를 주로 사용한다. 특히 열대 몬순의 더운 기후로 인해 다양한 향신료를 사용한다. 태국 요리는 매운맛·짠맛·신맛·단맛 등 여러 맛이 한 가지 요리에 같이 들어 있는 것이 특징이다. 예를 들어 가장 널리 알려진 태국의 대표 음식인 '똠양꿍'의 경우 달고 시고 매운 맛이 어우러져 독특한 맛을 낸다. 태국 음식의 이런 매력 때문에 태국 음식점은 서양에도 많이 있으며, 우리나라도 베트남 음식점에 이어 최근 태국 음식점들이 부쩍 생기고 있다. 한국 내 소재한 태국 음식점은 90여 개에 달한다(상세한 목록은 부록 참조).

태국 음식을 한국에 널리 알리기 위해 태국 정부에서는 타이 셀렉트 프로그램을 실행하고 있다. 타이 셀렉트 위원회(Thai Select Committee)는 인증서를 신청한 태국 레스토랑을 방문하여 요리, 실내 장식, 위생 등을 평가하고 심사한 후, 자격을 갖춘 태국 레스토랑을 선정, 인증서를 수여한다. 인증서는 소비자들이 태국 레스토랑을 선택하는 기준이 될 뿐만 아니라, 선정된 레스토랑 역시 인증서를 홍보에 활용할 수 있다. 또한 태국 상무부가 주최하는 관련 국제박람회(타이펙스-음식 박람회 및 인테리어 소품 박람회 등)에 공식 초청될 기회도 제공된다.

(3) 태국 전통 마사지

태국이나 중국을 관광하는 한국인이 한두 번 꼭 들르게 되는 곳이 전통 안마 시술소이다. 특히 태국의 전통 안마는 저렴한 가격에 기 순환을 원활하게 해주는 치료 효과가 있어 한국 사람들이 선호한다. 일반적으로 스트레스를 많이 받고 경직된 생활을 하는 한국 사람들은 마사지를 좋아하는데 한국의 안마시술소는 상대적으로 가격이 비싼 편이다. 그런데 최근 들어 태국 안마사를 고용한 마사지 업소가 늘면서 이를 찾는 한국인이 증가했다. 한국 마사지협회 자료에 따르면 2007년 8월 기준으로 전국에 69개의 태국 마사지 업소가 있었으나 지금은 이보다 훨씬 늘어났을 것으로 추정된다.

한국에 태국 마사지 업소가 늘면서 적지 않은 사회문제가 야기되고 있다. 대개는 단기 체류자가 마사지 업소에 고용되어 일하는 경우가 많다. 본래 단기 체류자는 90일 미만의 관광, 통과, 사용, 일시적 취재나 공연 등과 같은 목적으로 입국하는 사람들에게 사증이 면제되는 B-1 비자 소유자들이다. 그런데 이런 단기 체류자들이 본래의 입국 목적을 벗어나 불법으로 취업하는 경우가 많은데, 그 가운데 상당수가 마사지 업소에서 일한다.

불법 마사지 업소 문제가 끊이지 않는 이유는 태국인 안마사의 경우, 공장이나 농장보다 작업환경이나 보수가 좀 더 낫고, 한국인 업주 입장에서도 태국인 안마사를 고용하는 것이 비용이 저렴하고 고객 만족도가 높기 때문이다. 이런 이유로 단속도 어렵고 매매춘으로 변질되기 쉬워서 인권 문제를 비롯한 사회문제를 일으키는 경우가 빈번하다 (강승중 2009).

5. 한인 사회의 형성과 발전

현재 태국에 거주하는 한국인은 1만1천 명 이상으로 파악된다. 주로 사업이나 자녀 교육을 위해 거주하거나, 정부 기관이나 민간 부분의 현지 주재원으로 있는 경우가 많다. 또한 관광을 목적으로 태국을 찾는 한국인이 매년 1백만 명에 이르고 있다. 많지는 않으나 태국인과 혼인하여 귀화하는 사람도 있다. 2002~2007년까지 태국인으로 귀화한 한국인 및 사업을 위해 입국한 사람의 숫자는 〈표 4-13〉과 같다.

표에서 볼 수 있듯이, 태국으로 귀화하는 한국인은 그리 많지 않다. 2006년에는 사업 목적으로 입국한 사람이 가장 많은 것으로 나타났는데 이는 한류가 태국에 거세게 확산되고 있었기 때문이다. 태국에 귀화한 한국인도 2006년도에 가장 많았다. 출입국관리사무소 직원의 전언에 따르면 태국의 경기가 좋지 않아 귀화 신청자 수가 감소한 것이라고 한다. 한국인이 늘어남에 따라 북부의 치앙마이와 남부의 푸껫에 영사관이 개설되었다.

한국인이 다양한 목적으로 태국에 거주하면서 한국인이 종사하는

표 4-13 | 태국 내 한국인 거주 현황 (2002~2007년)

단위·명

년도	귀화	사업 목적
2007	319	5,819
2006	986	6,940
2005	329	6,837
2004	549	4,679
2003	194	6,559
2002	207	5,629

표 4-14 | 태국 주재 한국 기관 현황 (2008년)

업종	숫자
정부 기관	9
종교 기관	35
언론	4
교육기관	5
금융기관	3
연예 오락	43
무역 통상 기관	65
음식점	144
여행사	130
동문회	32
산업	109

자료 : 한인 『교민잡지』(2008, 5)

업종도 늘었다. 한국 식당과 한국 회사, 산업용 공장 등이 들어섰다. 태국 내 한국인의 업종 현황을 보면 〈표 4-14〉와 같다. 요식업이 가장 많고 그 다음이 여행사인데, 앞서 언급한 바와 같이 한국인 관광객이 늘어나면서 여행사가 성업을 이루게 되었다.

(1) 한국인 거주 지역

태국에 거주하는 한국인은 대부분 사업을 목적으로 온 사람이 많아서 주로 관광지인 방콕과 치앙마이 또는 푸껫 등지에서 음식점이나

표 4-15 | 한국인 거주 현황

단위 : 명

거주 지역	한국인 숫자
방콕 지역	20,000
치앙마이 지역	1,000
촌부리 지역	2,000
푸껫 지역	15,000
기타	500

여행사를 하는 경우가 많다. 한국인이 가장 많이 거주하는 곳은 태국의 수도 방콕이다. 가장 기회가 많고 여러 가지로 편리한 곳이 그 나라의 수도이기 때문이다. 방콕 다음으로 한국인이 선호하는 곳은 북부의 치앙마이다. 치앙마이는 한국인이 많이 찾는 관광지이면서 여러 편의 시설이 많다. 또한 날씨나 지리적 환경이 한국과 유사한 점이 많다. 현재 치앙마이에는 교민회가 결성되어 있으며 영사관도 있다. 파타야는 방콕에서 동쪽으로 그리 멀지 않은 곳에 위치한 관광도시이다. 깨끗한 바다를 끼고 있어서 한국인들이 즐겨 찾는다. 입지 조건이 좋아서 주변에 전자 제품 업체, 신발 제조업체 등 한국의 산업 공장들이 들어서 있다. 남부에 위한 관광지인 푸껫 역시 한국인들이 선호하는 곳이다. 음식점·여행사 등을 비롯한 여러 업체가 들어서 있다. 한국인들이 살고 있는 지역별 인구를 나타내면 〈표 4-15〉와 같다.

(2) 경제적 요인

한국인이 태국에 진출하는 중요한 요인 중의 하나는 경제적 이유인데, 한국보다 투자비와 임금이 상대적으로 저렴하기 때문이다. 따라서 한국 기업이 태국에 생산 공장이나 회사를 설립하면 생산 원가를 줄일 수 있다. 한국 내에서는 경쟁이 치열해 돌파구를 찾아야 하지만 여러 가지로 유리한 곳이 태국이다. 또한 2000년대 초기에 태국에 상륙한 한류의 영향으로 한국의 문화 상품에 대한 수요가 늘면서 한국의 대태국 투자도 증가하게 되었다.

(3) 교육적 요인

태국인의 시각에서 보면 한국인은 교육열이 매우 높고 문맹률은 놀라울 정도로 낮다. 한국의 부모들은 자녀를 명문 대학에 진학시키기 위해 학교 외에도 과외나 학원 교육을 받게 한다. 한국의 대학생들은 영어나 외국어 능력이 뛰어나야 졸업 후 취업이 용이하다. 한국 내에서 국제 학교에 진학하려면 학부모의 감당해야 할 부담이 상당하지만 태국에서는 한국에 비해 국제 학교 학비가 그다지 비싸지 않은 편이다. 이 때문에 자녀 교육을 위해 태국에 거주하는 한국인이 생겨났다. 현재 한국인 학생이 많이 다니는 국제 학교로는 루암르디 국제학교와 방콕 국제학교, 뉴인터내셔날 국제학교가 있다. 이 밖에도 치앙마이와 여타 지역에도 국제 학교가 여러 곳이 있다. 현재 방콕 국제 학교에 150명의 학생이 재학하고 있으며 방콕 한인 토요 학교에 154명이 재학하고 있다.

(4) 기후와 지리적 요인

태국의 각 지역은 기후 지리적 요건이 제각기 다르다. 북부 지역은 한국의 봄·가을과 기후가 유사하다. 현재 치앙마이에는 1천여 명의 한국인이 거주하고 있으며 한국을 오가는 직항로가 개설되어 있다. 한국이 겨울일 때 치앙마이는 봄 날씨이므로 한국인들이 즐겨 찾는다. 또한 태국의 다른 지역보다 산지가 많아, 70%가 산악 지대인 한국의 지형과 유사하다. 이런 까닭으로 한국인들이 집이나 아파트를 구입해 은

퇴 후 이민을 희망하는 곳으로 떠오르고 있다.

(5) 태국인의 국민성

태국을 흔히 미소의 나라라고 한다. 태국인은 늘 미소를 띠고 다른 사람과 만나면 미소로 인사한다. 태국인은 조급하지 않고 쉽게 화내지 않는다. 이런 태국인의 성격을 좋아하는 한국인들이 많다. 이런 여유 있고 상냥한 태국인의 성격이 한국인들에게 사업을 위해 혹은 은퇴 후 이민지로 태국을 선택하도록 동기를 부여하는 측면도 있다.

(6) 기타

한국 사람들이 태국에 거주하는 또 다른 이유로는 태국인과 결혼해 귀화하는 경우도 있고, 북부 지방의 고산족들을 대상으로 선교를 하기 위해 건너온 사람들도 있다. 『교민잡지』(2008, 147)에 따르면 태국 북부 지방을 중심으로 한국인이 선교를 목적으로 세운 교회가 31개소 있는 것으로 알려져 있다.

2) 태국 내 한인 사회의 특성

태국에 사는 한국 사람들은 그들만의 자체 문화나 특성을 가지고 있다. 지금부터는 태국에서 살고 있는 한국 사람들이 어떠한 특성을 가지고 있는지 살펴보기로 한다.

(1) 대도시 선호

한국인들은 주로 방콕이나 대도시에 모여 사는데, 이는 대도시가

공공시설이나 사업을 위한 제반 여건이 잘 갖추어져 있기 때문이다. 도시는 농촌보다 일자리도 많다. 한국은 박정희 대통령 시절 새마을운동과 경제개발 계획을 거쳐 경제가 발전하면서부터 농경 사회에서 산업사회로 변화되고 농촌에서 도시로의 인구 이동이 이루어졌다. 이런 도시 선호 경향은 태국에서도 그대로 나타나 한국인들은 대부분 방콕이나 촌부리, 치앙마이, 푸껫 등지에 많이 모여 사는데, 사업과 자녀 교육 그리고 선교 활동에 편리하기 때문이다.

(2) 집단의식 및 단체 활동

한국인들은 일반적으로 모임과 단체 활동을 좋아한다. 한국인이 즐겨 사용하는 2인칭 대명사 '우리'는 특정한 상황에서는 단수와 복수 모두 적용된다. 예로부터 한 울타리 안에 함께 사는 사람들 간의 집단의식을 보여 주는 언어문화라고 할 수 있다. 치앙마이에서 한국인들은 하나의 마을을 이루며 함께 산다. 랏차팟 치앙마이 대학교 한국어과의 낫타웃 르드이(ณัฐวุฒิ ลือดี) 교수가 한국인들의 주거 형태를 관찰해 본 바에 따르면, 한국인들은 마을을 이루고 사는데 대개 한 마을에 5~6가구씩 산다. 그런데 각 마을의 구성원을 살펴보면 대개 한국에서 같은 지역에 살던 사람들이 태국에 와서도 같은 마을을 이루고 산다는 것이다. 한국의 타 지역 사람들이 태국에서 같은 마을에 사는 경우는 찾아보기 힘들다고 한다. 이처럼 한국인들은 태국에서도 지연에 따른 집단의식이 매우 강한 것을 볼 수 있다. 푸껫에서 관광 가이드를 하고 있는 따라건 인주안찌우(35세)에 따르면 푸껫에 살고 있는 한국인들도 한 곳에 같이 모여 사는 경우가 많다고 한다. 예컨대 푸껫 빌라 3지역은 한국인이 모여 사는 곳으로 교민회를 비롯한 대부분의 한국인 사업체가 이곳에 위치해 있다고 한다.

태국에는 한국 사람들이 결성한 단체가 많다. 재태 한국교민회가 대표적이며, 방콕의 수쿰윗가에 위치해 있다. 근처에는 많은 한국인들이 모여 살고 있는데 '코리아 타운'이라고 불리는 건물도 바로 그곳에 있다. 교민회는 치앙마이와 푸껫에도 있다. 교민회 외에도 각 대학교의 재태 동문회가 있다. 태국 내 한국인 단체는 모두 30여 개가 있다고 하는데 대개는 그냥 만나서 이야기하고 사업이나 자녀 교육에 관해 의견을 교환하는 단순한 친교 모임이다. 보통은 한 달에 한 번 정도 만나 식사를 하거나 골프를 치는 등이 정해진 프로그램이다.

(3) 교육열

한국인에게 교육은 매우 중요한 의미를 갖는다. 태국에 살고 있는 한국인들은 대부분 자녀를 국제 학교에 보내는데, 이는 나중에 한국의 명문 대학에 입학할 때 유리하도록 영어를 익히게 하기 위함이다. 한국인의 숫자가 늘어나자 방콕뿐만 아니라 치앙마이에도 한국인을 위한 국제 학교가 설립되었다. 이 밖에도 교회에서 한국인 자녀에게 한국어와 영어를 가르치기도 한다. 공부만이 아니라 전통 음식 만들기 등 한국 문화를 가르치거나 여러 행사를 마련하고 있다. 따라서 이 지역에서 교회는 한국인이 만나 교류하고 소통하는 장소가 된다.

(4) 가족 중심의 생활

한국 사회는 가족을 중시하는 사회이다. 가족 간의 역할도 분명히 정해져 있다. 남자는 가장으로서 직장에 나가 일해 가족을 부양할 의무를 지고, 여자는 주부로서 집에서 아이를 돌보고 교육을 시킨다. 여자는 집안일을 전담하는 경우가 많기 때문에 한국인 회사에서 일하는 사람들을 관찰해 보면 대부분이 남자이다. 공자의 유교 사상에 기반한 것으로 보이는 이런 의식구조는 아직 한국 사회에 뚜렷이 남아 있다. 태국에 있는 선교사들을 관찰해 보면 가족 구성원들이 모두 태국에서 함께 살면서 자녀를 국제 학교에 보낸다. 집에서는 한국어를 사용하는 데 이는 한국인으로서의 정체성을 지키기 위함이다.

(5) 사업과 투자

한국인들이 태국에서 진행하는 사업과 투자 내용을 살펴보면 과거에는 일부 대기업을 중심으로 전자 제품의 생산과 판매 등 특정 분야에 치우쳐 있었다. 그리고 한국 제품에 대한 태국인의 선호도도 그다지 높지 않았다. 1980년대 후반까지만 해도 한태 양국의 교역량은 미미한 수준이었으나 1997~98년에 태국의 경기가 침체되면서 한국으로부터 수입이 늘어나고 교역량도 증가했다. 한국의 대 태국 수출이 한국에 대한 태국의 수출을 크게 앞지르면서 태국은 무역수지 불균형에 직면했다. 한국으로부터 수입하는 품목은 화학제품, 수출산업용 기계, 전자 제품, 철강 제품 등이었다. 그러나 오늘날 한국의 대태국 수출은 단순 무역에서 벗어나 태국에 생산 기지를 건설하는 플랜트 수출로 바뀌었다.

많은 한국 기업이 태국에 생산 공장을 건설하고 태국 각지에 조립 공장을 두고 있다. 생산 공장은 라영, 촌부리, 차층싸우, 방콕, 치앙마이, 난, 푸껫 등 태국의 수도권과 북부의 관광도시, 남부의 해안 도시 등에 집중되어 있다. 여기서 생산되는 대기업 제품은 주로 전자 제품, 신발, 컴퓨터 부품 등이며 중소기업에서 생산하는 제품은 해산물 가공 제품과 김치 등이다. 이 밖에도 음식점, 여행사, 한국 제품 수입 업체 등이 있다. 현재 태국에는 250개 이상의 한국 업체가 들어와 있으며 한국 음식점은 태국이 금융 위기를 겪기 이전에 4백 개에 달했으나 현재에는 1백여 개가 있는 것으로 파악된다.

태국에서 한인 사회가 성장함에 따라 한국인 업체가 증가했는데 그 배경에는 한류의 확산이 있다. 한국 문화와 태국 문화의 공통분모를 통해 성장한 한인 사회는, 한국인과 태국인의 협력 관계를 바탕으로, 생산 공장의 설립과 태국인의 일자리 창출에 이바지하게 되었다.

(6) 관광

현재 많은 한국인 관광객이 태국의 관광 명소를 찾는다. 2006년 태국을 찾은 한국인 관광객 수는 1백만 명을 넘어섰다. 이는 전년도 대비 37.17% 증가한 것이었다. 한국인이 즐겨 찾는 관광지로는 푸껫, 방콕, 치앙마이, 촌부리, 수랏타니 등이다. 한국인은 태국의 바닷가를 선호하는데 방쌘, 파타야, 빠떵 해변, 그리고 싸무이 섬 등이다. 한국인이 태국을 찾는 목적은 휴양, 부모님의 회갑 기념 여행, 신혼여행, 골프, 피한 등으로 다양하다. 시기는 주로 한국의 여름과 겨울에 많이 오는데 자녀들의 방학 기간과 겹치는 기간이다.

한국인은 주로 태국의 해변과 불교 사원, 고적지, 온천 등을 선호한다. 태국인 관광 가이드들의 말에 따르면 한국들이 태국을 찾는 이유는 경치 좋은 곳, 이름난 음식, 깨끗한 해변 등이 많고 여행 경비가 상대적으로 저렴할 뿐만 아니라 치안도 안전하기 때문이라고 한다. 태국에 한국인 관광객이 늘어나자 이들을 대상으로 한 사업도 많이 생겨났다. 대표적인 것이 음식점인데 방콕이나 치앙마이, 촌부리, 푸껫 등지에는 한국 음식점이 많다. 일부 유명 호텔에서는 한국인 투숙객을 위해 한국 음식을 준비해 두기도 한다. 음식점 외에도 여행사와 기념품 가게가 많이 생겨났다. 푸껫에는 여행사가 20여 개 있으며 매년 7만 명 이상의 한국인이 다녀가는데, 이 가운데 6만5천 명이 이들 여행사를 이용한다.

태국을 찾는 한국인 관광객이 늘고 있는 것은 양국의 긴밀한 교류와 상호 이해라는 측면에서 매우 바람직한 일이라고 할 수 있다.

6. 한국과 태국의 국가 이미지

국가 이미지는 특정 국가에 대해 갖는 일반적인 인식, 인상, 가치판단, 신념의 총체로서 그 국가와 관련된 구체적인 정보에 근거하고 있으면서, 정보의 묘사에 그치는 것이 아니라 정보를 일반화하고 정보에 대한 가치판단을 포함하는 말이다(신호창 1999).

태국인이 한국인을 중국의 소수민족들 가운데 하나로 인식한 것이 2백 년 전의 일이며, 한국전에 참전한 태국인들이 한국을 위험하고 가난한 나라로 인식한 것이 불과 반세기 전의 일이다. 그러나 수십 년이 지나면서 태국인의 의식 속에서 한국인은 부지런하고 근면하여 국가 개발에 성공한 '아시아의 용'이었을 것이다. 다른 한편, 군부독재에 저항하여 민주화를 이룩하고 지금은 동아시아와 동남아시아의 중심 국가로서 중요한 지위를 차지하고 있는 국가로 바라보고 있으며, 최근 들어서는 한국과 한국인에 대한 관심이 더욱 고조되고 있다.

한편 한국인의 시각에서 태국인은 한국전쟁 당시 자그마한 체구로 용감하게 싸워 자유를 지켜 준 고마운 '작은 호랑이'의 인상이 강하게 남아 있다. 또한 1960대와 70년대에 킹스컵 축구 대회와 아시안 게임을 여러 차례 개최하면서 상대적으로 스포츠 선진국으로 인식되었다. 태국은 1966년, 1970년, 1978년, 1998년 등 총 4회에 걸쳐 방콕에서 아시안 게임을 개최하였다. 이 중에서 1970년 아시안 게임은 서울에서 개최하기로 하였으나 여력이 없어 포기하자 방콕에서 대신 치른 것이다. 그러나 1980년대 후반 들어 한국이 해외여행을 자율화하고 태국 여행이 증가하면서 태국은 상대적으로 물가가 저렴하고 볼거리가 많은 나라로 알려지게 되었으며, 태국인은 낙천적이고 미소를 잃지 않는 친절한 사람들로 인식되었다. 이러한 시점에서 한국과 태국 두 나라 국민들이 가지고 있는 상호 국가 이미지를 살펴보는 것은 매우 의미 있는 일이라고 할 수 있다.

1) 양국 대학생들의 상호 국가 이미지

정환승(2008b)은 한태 수교 50주년을 맞이하여 양국 대학생들의 상호 국가 이미지를 조사하고 분석한 바 있다. 이 연구는 한국에서 태국어를 전공하는 대학생과 태국에서 한국어를 전공하는 대학생을 대상으로 설문 조사를 실시했다. 한국에서는 한국외국어대학교 서울 캠퍼스와 글로벌 캠퍼스, 부산외국어대학교의 태국어 전공 학생 173명을 대상으로 했으며, 태국에서는 쏭클라 대학교와 부라파 대학교, 씨나카린위롯 대학교의 한국어 전공 학생을 대상으로 했다.

(1) 상대 국가에 대한 기본 이미지

상대 국가에 대한 기본적인 이미지 조사에서 태국 학생들은 한국에 대한 이미지로 김치, 영화, 인삼, 연예인, 한복, 드라마 순으로 꼽았으며, 한국 학생들은 태국에 대한 이미지로 관광, 불교나 사원, 친절과 미소, 더운 나라, 국왕, 타이 예술, 음식 등을 꼽았다. 태국 학생들은 한국의 드라마와 영화, 노래 등 한류의 영향을 받은 것으로 추측된다. 태국에서는 한류가 한국어 교육의 발전에 이바지하고 있는 것이다. 한편 한국 학생들은 태국에 직접 다녀올 수 있는 기회가 늘어나고, 한국의 언론 매체를 통해 태국에 관한 정보를 접할 수 있는 기회 또한 많아졌기 때문으로 보인다.

태국 학생들은 한국이 매우 역동적이고 빠른 나라, 변화하는 나라, 깨끗한 나라, 강한 나라, 중요한 나라라는 인식을 가지고 있는 반면, 긴장되고 무거운 나라, 제약이 많은 나라로 생각했다. 이에 비해 한국 학생들은 태국이 긍정적이고 밝은 나라, 긴장되지 않은 나라, 개방적이고 중요한 나라, 그리고 변화하는 나라라는 인식을 갖고 있는 반면, 느린 나라, 깨끗하지 않은 나라, 역동적이지 않은 나라라는 인식도 아울러 갖고 있는 것으로 나타났다.

상호 국민에 대한 좀 더 구체적인 생각을 묻는 질문에 태국 학생들은 한국인은 능동적이고 강하며 유능하고 열정적인 사람, 그리고 똑똑하고 좋은 사람, 진실된 사람이라고 대답했다. 다른 한편으로는 시끄럽고 감정적이며 거칠고 복잡한 사람이라는 이미지도 가지고 있었다. 한국 학생들은 태국 사람들을 좋은 사람, 진실된 사람, 윤리적인 사람, 열정적인 사람이라고 평가한 반면, 감정적이고 수동적이며 시끄럽고 약한 사람이라는 부정적인 이미지도 가지고 있는 것으로 나타났다.

태국 학생들이 한국과 한국인에 대해 갖는 긍정적인 이미지는 한국이 이룩한 놀라운 경제성장과 효율성 등에서 비롯된 것으로 보이고, 부정적인 이미지는 태국 진출 한국 기업에서 일하는 태국인이나 한국에서 일하는 태국인 이주 노동자들이 경험한 작업환경이나 한국인의 성격 등에서 비롯된 것으로 추측된다. 한편 한국 학생들이 태국과 태국인에 대해 갖는 긍정적인 이미지는 태국을 다녀온 한국인 관광객들이 밝은 표정의 태국인들이 낙천적으로 살아가는 모습을 직접 목격하면서 생겨난 것으로 보이고, 태국에 대한 부정적인 이미지는 한국에 비해 상대적으로 뒤떨어졌다고 생각하는 데서 비롯된 것으로 보인다.

(2) 한국과 태국이 서로 배워야 할 점

한국과 태국이 서로 배워야 할 점을 묻는 질문에 태국 학생들은 태국이 한국에게서 배워야 할 점으로 열정과 의욕, 근면, 기술, 애국심 등을 꼽았으며, 한국이 태국으로부터 배워야 할 것으로는 친절과 인정, 겸손과 배려, 여유와 느긋함 등을 꼽았다. 같은 질문에 한국 학생들은 한국이 태국으로부터 배워야 할 것으로 여유로운 삶과 친절, 전통문화 보존, 관광산업, 낙천성 등을 꼽았고, 태국이 한국으로부터 배워야 할 것으로는 근면, 경제개발, 열정과 의욕, 신속성 등을 꼽았다.

한국 학생과 태국 학생들이 상대 국가가 자국으로부터 배워야 할 점과 자국이 상대 국가로부터 배워야 할 점에 있어 상당 부분 공감대가 있는 것으로 보인다. 즉, 태국은 한국으로부터 열정과 의욕, 근면, 경제개발 등을 배워야 하고, 한국은 태국으로부터 여유와 친절, 인정 등을 배워야 한다고 생각하고 있다. 이는 태국과 한국에게 서로 보완적인 요소가 아닌가 생각된다.

(3) 양국의 관계 발전을 위해 협력하고 개선해야 할 부분

양국의 관계 발전을 위해 개선해야 할 사항을 묻는 질문에 태국 학생들은 한국인의 거친 성격과 문화적 이해, 조급함, 언어 소통 등을 들었고, 한국 학생들은 태국을 무시하는 편견과 문화 교류, 경제협력 등을 들었다. 현대사회에서 한 나라가 갖는 국가적 이미지의 가치는 매우 높다. 태국의 대학생들은 한국의 경제 발전과 더불어 최근 한류 현상의 영향을 받아 한국에 대해 비교적 긍정적이고 호의적인 이미지를 가지고 있으면서도, 다른 한편 제약이 많고 긴장감이 높으면서 무겁다는 이미지를 가지고 있었다. 한국인에 대해서는 능동적이고 강하면서 유능한 사람들이라는 긍정적인 이미지와 함께, 다른 한편 시끄럽고 거칠고 감정적이면서 복잡하다는 부정적 이미지도 가지고 있었다.

한편 한국 학생들은 태국에 대해 긍정적이고 밝으면서 개방적인 나라라는 호의적인 이미지를 가지고 있는 반면, 느리고 깨끗하지 못한 나라, 역동적이지 못하고 정체된 나라라는 부정적인 이미지도 함께 가지고 있었다. 또한 태국 사람에 대해서는 좋은 사람, 진실성이 있는 사람, 윤리적인 사람 등 긍정적인 이미지와, 다른 한편 거칠고 감정적이며 수동적이라는 부정적인 이미지도 가지고 있었다.

양국 관계의 발전을 위해 태국 학생들은 한국이 태국으로부터 친절과 인정, 겸손과 배려, 여유와 융통성을 배워야 하며, 태국은 한국으로부터 열정과 의욕, 근면, 기술, 애국심 등을 배워야 한다고 생각하고 있었다. 한국 대학생들은 태국이 한국으로부터 근면성과 경제개발, 열정과 의욕 등을 배워야 하고, 한국은 태국으로부터 여유와 친절, 전통문화보존, 관광산업 등을 배워야 한다고 생각하고 있는 것으로 나타났다.

한 나라의 젊은이들이 특정 국가에 대해 가지고 있는 이미지는 매

표 4-16 | 태국 신문에 나타난 한국 뉴스 현황(2008~2009년)

단위 : 건, %

보도 주제	보도량	%	보도 태도			
			긍정적	%	부정적	%
경제	25	13.66	7	3.82	18	9.83
정치	66	36.06	35	19.12	31	16.93
사회	13	7.10	9	4.91	4	2.18
문화	39	21.31	17	9.28	12	6.55
교육	15	8.19	12	6.55	3	1.63
과학 및 기술	25	13.66	25	13.66	0	0
계	183	100	105	57.37	78	42.62

우 중요하다. 한국과 태국은 50년 지기의 우방이다. 양국의 대학생들은 두 나라의 관계 발전을 위해 무시와 편견을 버리고 문화적 이해와 교류를 통해 경제협력을 다져야 한다고 생각하고 있다. 한국어를 전공하는 태국 학생과 태국어를 전공하는 한국 학생들이 상대방 국가에 대해 가지고 있는 이미지에 대한 조사와 분석은 양국의 관계 발전을 꾀하는 데 있어 중요한 열쇠가 될 수 있을 것이다.

2) 태국 신문에 나타난 한국의 이미지

빠릿 웡타나센(2012)은 태국의 주요 일간지에 나타난 한국의 이미지에 대해 분석한 바 있다. 2008~2009년 두 해 동안 『데일리 뉴스』, 『타이랏』, 『카우쏫』(ข่าวสด), 『방콕 투데이』, 『인포퀘스트』, 『마띠촌』(มติชน) 등 일간지에 보도된 한국 관련 기사를 분석했다. 이 연구 결과에 따르면 한국 관련 보도 내용은 〈표 4-16〉과 같은 분포를 갖는다.

태국 신문에서 한국 정치에 대한 뉴스가 36.06%로 가장 높은 비율을 차지했다. 이는 2009년도에 한국의 대통령 선거와 남북 문제 관련 보도가 많았기 때문으로 보인다. 노무현 전 대통령의 서거도 태국 신문에 지속적으로 보도되었다. 그 다음은 문화 관련 뉴스가 21.31%로 두 번째 비중을 차지하고 있다. 문화 관련 뉴스가 많아진 것은 2000년부터 시작된 한류 현상으로 한국 가수 및 연예인들이 많은 관심을 받았기 때문으로 생각된다.

한 가지 주목할 만한 사실은 긍정적인 뉴스가 부정적인 뉴스보다 많다는 것이다. 내용을 보면 긍정적인 뉴스는 57.37%이며 부정적인 뉴스는 42.62%이다. 그러나 경제에 대한 뉴스는 부정적인 뉴스가 긍정적인 뉴스보다 많았는데 그 시기에 전 세계가 경제 위기에 처해 있었기 때문이다.

(1) 애국심이 강한 나라

태국인들은 한국인들이 상대적으로 애국심이 강하다고 생각한다. 일제 강점기를 거치면서 독립을 위해 싸웠고 한국전쟁을 겪으면서 자유와 국가의 소중함을 알고 있기 때문이라고 보는 사람들이 많다. 한국에서 한미 자유무역협정을 체결하면서 소고기 수입 문제로 촛불 시위가 일어났을 때 태국 언론에서는 이 시위가 개인을 위한 것이 아니라 국가를 위한 시위로 보도하고 있다. 또한 촛불 시위에 대한 책임을 지고 내각이 총사퇴하기로 했다는 보도는 이런 맥락에서 태국인들에게 신선한 충격을 주었고 한국인들의 애국적 시위와 내각의 책임 있는 자세 등을 비중 있게 보도하고 있다.[5]

5_"한국 내각 쇠고기 수입 반대 시위에 대한 책임을 지고 일괄 사퇴서 제출." 『마띠촌』

(2) 교육열이 높은 나라

태국 신문들은 한국 부모들의 교육열을 관심 있게 다룬다. 자녀의 교육을 위해 학교 교육뿐만 아니라 과외 등 사교육도 적지 않게 시키고 있음을 보도하고 있다. 또한 한국은 학원이 많고 외국어 교육을 위해 자녀를 해외로 보내는 경우도 많은 현상을 두고 신문들은 한국이 세계에서 가장 교육열이 높은 국가라고 보도하고 있다.[6]

(3) 민주주의가 성숙한 나라

한국 정치를 다룬 뉴스 가운데에는 시위와 관련된 보도가 많다. 태국 신문들은 한국인들의 시위는 민주주의에 따른 적극적 의사 표현이라고 본다. 또한 노무현 전 대통령의 서거를 양심에 대한 가책으로 해석하고, 어떤 사태에 책임을 지고 장관들이 사표를 내는 것과 대국민 사과 등을 바람직한 정치 행위로 평가한다.[7]

(4) 경제 발전을 이룩한 나라

태국 신문에 나타난 한국의 경제 뉴스는 부정적인 측면이 적지 않다. 그러나 구체적으로 살펴보면 한국 기업의 활발한 외국 진출을 반증하는 것으로 이해할 수 있다. 세계적인 경제 위기에서 한국이 여러

(2009/06/12).

6_"한국의 외국어교육,"『방콕 포스트』(2009/04/01); "한국 경제 위기와 무관하게 막대한 교육비 지출,"『마띠촌』(2009/04/10).

7_"한국 이명박 대통령 퇴진을 요구하며 1만여 명 시위,"『푸짯깐』(2009/06/10); "부끄러움을 아는 한국 문화,"『콤찻륵』(2009/02/03).

나라와 협력하고 있음을 나타내기도 하고 단기간 경제적으로 급성장한 비결을 소개하는 뉴스도 많이 눈에 띈다.[8]

(5) 과학 및 기술이 급속히 발전한 나라

한국의 과학과 기술에 대한 뉴스는 대체로 긍정적인데 태국과 과학 및 기술에 대한 협정이 지속적으로 체결되고 있음을 알 수 있다. 한국과 과학 및 기술 분야에서 교류가 이루어지고 왕실 고위 인사의 방한 뉴스도 전하고 있다.[9]

(6) 성 차별이 심한 나라

태국 신문에는 한국 사회의 성 차별과 남녀 불평등 문제에 대한 기사가 자주 보도된다. 이런 보도를 통해 태국인들은 한국이 남녀 간의 차별이 심한 나라라는 인식을 갖게 된다.[10]

(7) 스트레스가 많은 나라

한국 관련 문화 뉴스에는 연예인이나 학생들의 자살 소식이 자주 눈에 띈다. 이를 통해 한국 사회는 스트레스가 많은 국가로 인식된다.[11]

8_"한국 경기회복 신호…… 한국에 대한 수출 독려가 필요하다,"『카우솟』, 2009/04/12).

9_"태국 한국과 천문학 공동 연구 협정에 서명,"『콤찻륵』(2009/02/08); "쭐라펀 공주 한국 방문," 공보부(2009/06/10).

10_"한국 남녀평등 위해 교과서 내용 개정…여자는 부엌일만 하는 사람 이미지 없앤다,"『카우솟』(2007/05/14).

11_"죽은 장자연 소속사 대표 체포된 후 편안히 눈을 감을 수 있을 것," 〈푸짯깐 온라

지금까지 살펴본 바와 같이 태국 신문에 나타난 한국의 이미지를 분석해 보면, 긍정적인 면으로는 애국심이 강한 국가, 교육열이 높은 국가, 민주주의가 강한 국가, 경제가 급속히 성장한 국가로 나타났다. 반면에 부정적인 측면에서는 경제 위기에 직면한 국가, 성 차별이 심한 국가, 스트레스가 심한 국가로 나타났다.

3) 한류에 의해 형성된 한국의 이미지

한국전쟁이 끝나고 난 후, 한국은 급속한 경제 발전으로 선진국 대열에 들어서게 되었다. 태국에서는 한국의 경제뿐만 아니라 경제 이외의 면에도 주목하게 되었다. 한류 열풍으로 한국 상품에 대한 선호도 증가는 물론, 대중매체를 통해 한국인의 생활·문화·음식 등이 소개되면서 한국에 대한 새로운 이미지가 형성되었다. 시니나트(2011)는 한류에 의해 새롭게 형성된 이미지를 다음과 같이 분석한 바 있다.

(1) 애국심이 강한 국가

한국 드라마나 영화에서는 시위하는 것을 긍정적으로 전달할 뿐만 아니라 외국 팀과 운동경기가 있을 때 빨간 옷으로 갈아입고 다 함께 응원하는 '붉은 악마'의 모습은 외국인들에게 상당히 인상적이었다. 또한 〈대한민국 국가 대표!〉나 〈태극기 휘날리며〉 등의 영화에서도 한국인의 나라 사랑을 볼 수 있다.

인〉(2009/06/26).

(2) 기술과 경제가 급속히 발전한 국가

뉴스·드라마·영화에서 보이는 한국 경제는 부정적인 측면도 적지 않지만, 높은 빌딩, 편리한 대중교통, 윤택한 생활 등을 태국인들은 높이 평가하고 있다. 또한 한국의 기업이 외국에 많이 진출하고 우수한 기술이 외국으로 많이 수출되고 있다. 또한 드라마, 영화를 통해서도 한국은 급속히 성장하고 있는 나라, 발전하고 있는 나라로 나타난다.

(3) 근면하고 인내심이 강한 국민

한류 영화나 드라마에 나타나는 한국인의 인내심과 근면함은 태국인의 시각에서 보면 매우 매력적이다. 영화나 드라마에서 한국 사람들은 모두 열심히 살고 부지런히 공부하여 자기가 타고난 재주와 능력을 발휘해 공동사회에 이바지한다. 한국인들이 가지고 있는 책임감과 의무감, 성공을 향한 적극적인 노력, 국가와 민족을 위한 헌신 등을 영화나 드라마를 통해 자주 접할 수 있다.

(4) 서열 의식이 강한 나라

한국 문화가 지닌 독특한 점으로는 유교 문화의 영향을 받아 나이에 따른 서열 의식을 꼽을 수 있다. 한국인들은 처음 만나면 나이나 학번 등을 통해 자신과 상대방의 서열을 정하는 데 익숙하다. 연배가 다른 사람들 혹은 선후배들이 한자리에 모였을 때 이런 모습은 쉽게 볼 수 있다. 한국은 전통문화를 잘 지키고자 하며, 웃어른을 존중하고, 예절에 어긋나지 않는 언행을 중시한다는 점을 알 수 있다.

(5) 집단의식과 민족주의가 강한 국가

한국 드라마나 영화를 보면 자신이 속한 사회 안에서 의견을 자유롭게 말하는 것을 볼 수 있다. 그리고 태국 신문에 보도된 한국 정치 관련 뉴스를 살펴보면 많은 시위가 일어나고 있는데 시위에 참여하는 것은 곧 민주주의에 적극적으로 참여하는 것이라고 보도한다. 또한 한국인들은 우리나라, 우리 가족, 우리 친구 등 '우리'라는 말을 많이 사용하는데, 이를 통해 개인보다는 자신의 집단을 중요시한다는 사실을 알 수 있다. 또한 영화나 드라마의 소품과 배경으로 삼성과 현대, LG 등 자국의 상품을 주로 등장시킨다. 이런 점에서 볼 때 한국은 민족주의가 강하다는 것을 엿볼 수 있다.

(6) 자녀 중심의 가정생활

영화나 드라마에서 나타나는 한국의 가정은 자녀를 중심에 두는 경향이 강하다. 한국의 부모들은 자녀의 교육을 위해 좋은 학교, 좋은 학원에 보내려고 노력한다. 이를 위해 부모가 고생도 마다하지 않으며, 나아가 자녀의 배우자를 선택할 때도 부모의 역할이 중요하다. 결혼 과정에서 부모의 반대로 갈등을 겪는 모습도 자주 나타난다. 전체적으로는 한국의 부모들이 자녀를 극진히 사랑하고 자녀의 성공을 위해 희생을 아끼지 않는 것을 볼 수 있다.

(7) 애정 표현이 자유로운 나라

한국의 영화나 드라마 또는 실제로 거리에서 자연스럽게 애정을 표현하는 한국인들의 모습을 쉽게 볼 수 있다. 연인이 같은 옷을 입기도 하고, 밸런타인데이·화이트데이·블랙데이와 같은 특별한 날이 되면 특정한 행위로 애정을 표현하기도 한다. 대부분의 태국 사람들은 한국 드라마나 영화에 등장하는 남녀 간의 사랑에 대해 로맨틱한 감정을 강하게 느낀다. 한국 남성이 눈물을 흘리는 장면을 보고 태국 여성들은 감동과 따뜻한 느낌을 받으며, "한국인 남자 친구를 사귀고 싶은 느낌을 갖게 되고 나아가 한국인과 채팅하거나 한국 친구 사귀기가 새로운 유행으로까지 번지고 있다"(시니나트 2011).

4) 주한 태국인이 바라보는 한국의 대외적 이미지

정택희(2003)는 주한 외국인의 눈에 비친 한국의 이미지를 조사한 적이 있다. 조사에 따르면, 한국이 선진국이 될 수 있는가를 묻는 질문에, 태국인을 포함한 아시아인들은 한국을 방문하기 전에는 급속한 경제성장 때문에 긍정적으로 생각했으나, 막상 한국에 와서 생활한 뒤로는, 예컨대, 외국인 노동자에 대한 인권 탄압 문제 등을 이유로 한국이 자신들이 기대했던 것처럼 선진국 문턱에 선 나라가 아니라고 생각하게 되었다고 대답했다.

한국이 선진국이 될 수 없다고 생각하는 이유로는 개방성 부족, 준법정신 부족, 인권 탄압, 인종차별 등을 들었다. 한국은 경제 발전 측면에서는 대외적으로 긍정적인 평가를 받고 있으나 '핸드폰을 잘 만드는 나라'가 될 수 있을지언정 선진국이 되기는 어렵다는 것이다. 그래도 한국을 긍정적으로 생각하는 부분은 한국인의 근면성이었다. 한국인의 근면함, 역동성, 인내심 등을 배울 점으로 꼽았다.

위라야 깡완엿쑥(2012)에 따르면 본국에 거주하는 태국 대학생들과 한국에 거주하는 태국 대학생들이 한국 문화에 갖는 이미지는 다소

달랐다. 태국 거주 학생들은 주로 드라마 등 한류를 통해 한국 문화를 접하는데, 선진 문화, 민족정신, 효도와 경로사상 등 긍정적인 이미지를 갖고 있었다. 이에 비해 한국에 거주하는 태국 유학생들은 한국에 온 지 1년 이상이 되면 한국과 한국 문화에 대한 지식이 어느 정도 쌓이고 자신의 경험과 체험에 따라 다양한 의견을 갖게 된다. 즉, 한국 거주 태국 유학생들은 한국에 오기 전에는 긍정적인 이미지를 갖고 있었으나, 한국을 방문한 이후 '긍정적'에서 '부정적'으로, 혹은 '긍정적'에서 '긍정적'으로 변화되었고, 한국과 한국 문화에 대한 지식과 이해력도 높아졌다.

한국과 태국은 오랜 우방 관계를 지속해 왔지만 상당 기간 동안 태국인들은 한국과 한국 문화에 대해 관심도 적었고 잘 알지도 못했다. 한국전쟁을 겪고 나서 새마을운동을 통해 농촌을 개발하고 경제개발을 통해 국가 개발에 성공한 나라쯤으로 인식하고 있었다. 그러다가 2000년대 들어 한류의 영향으로 드라마·영화·노래·음악 등을 통해 한국에 대한 이미지가 새롭게 형성되었다고 볼 수 있다. 앞서도 말했듯이 이런 이미지에는 긍정적인 부분도 많지만 부정적인 면도 적지 않다. 21세기 대한민국은 태국인을 비롯해 외국인이 한국에 대해 가지고 있는 좋은 이미지는 그대로 유지하면서 부정적인 이미지는 개선할 수 있는 방안을 강구해야 할 시점에 와있다.

제5장

맺는말

2004년 8월 26일 베이비복스, 유엔, 한경일, 리사 등 한국 가수단이 '6·25 참전 용사 가족들을 돕기 위한 프렌즈 콘서트'에 참여하고자 태국을 방문했을 때 던므엉 공항에는 1천여 명의 태국 팬들이 몰려들었다. 이는 한국과 태국의 관계에서 많은 것을 시사한다. 양국 간의 실질적인 관계가 맺어진 것은 1950년 한국전쟁 전후였다. 태국 정부는 1949년 10월 대한민국을 공식 승인했다. 한국전쟁이 발발한 후 태국은 유엔군의 일원으로 아시아 국가 가운데 첫 번째로 한국에 4천 명의 지상군을 파병했을 뿐만 아니라 4만 톤의 쌀을 원조했다. 전쟁이 끝나고 태국에서는 〈아리당〉이라는 노래와 영화 그리고 드라마를 통해 한국의 실상이 태국인들에게 많이 알려졌다. 영화나 드라마 〈아리당〉을 보면 한국전쟁에 참전한 태국군 장교 퐁판 대위가 한국 처녀 옥분이와 결혼하려고 할 때 퐁판 대위 부모님이 반대한 이유가 '한국은 가난하고 위험한 나라'라는 것이었다. 그때부터 한동안 태국은 한국에 '도움을 준 나라', 한국은 태국으로부터 '도움을 받은 나라'였다.

한국전쟁이 끝나고 한국과 태국 모두 정치적으로는 상당 기간 군사독재 체제하에 있었고, 경제 발전을 도모했다. 한국은 박정희 정권 시기 경제개발 계획과 새마을운동으로 발전을 이룩했다. 태국은 한국의 경이적인 경제발전, 새마을운동에 관심이 많았다. 그래서 1967~77년에 정부와 태국 재단의 주도로 농업 개발, 농촌 개발을 위한 교육과 해외시찰이 빈번하게 이루어졌다. 실제로 5·16 쿠데타 직후인 1963년, 한국의 1인당 국내총생산(GDP)은 1백 달러로 말레이시아(271달러), 필리핀(169달러), 태국(115달러)보다 못했다. 오늘날 한국의 1인당 국민총생산(GNP)은 2만3,749달러로 세계 31위이며 태국은 5,281달러로 89위이다. 군인 출신 대통령이 국정을 운영하던 30년간 한국은 국민총생산 규모에서 세계 37위(1960년)에서 15위로, 1인당 국민총생산에서는 83위에서 30위로, 무역 부문에서는 세계 51위에서 11위로 도약했다.[12] 문화적인 측면에서도 한국의 대중문화가 2000년대 초기부터 태국에 물밀듯이 들어와 전역으로 확산되었다. 이제 한국의 영화·음악·드라마·게임·음식 등은 태국인에게 매우 친숙해졌다. 지금부터 지난 50년 남짓한 기간의 한국과 태국의 문화 교류 현황을 정리해 보기로 한다.

12_http://blog.naver.com/ wh4747?Redirect=Log&logNo=150130485439.

1) 인적 교류

한국과 태국 간의 인적 교류는 1980년대 이전에는 주로 정치 외교적 차원에서 많이 이루어졌다. 박정희 대통령과 정일권 국무총리가 태국을 방문했고 장관급 인사의 태국 방문도 몇 번 있었다. 이 시기에 태국 쪽에서는 타넘 키띠카쩐 총리와 타닌 끄라이위치안 총리가 한국을 다녀갔고 대법원장, 상원 의장 그리고 장관급 인사의 방한도 몇 차례 있었다. 1980년대 이후에 양국의 인사 교류는 경제와 통상, 교육과 문화적 차원에서 많이 이루어졌다. 전두환, 김영삼, 노무현 대통령이 태국을 방문했고, 국회의장을 포함한 장차관급 인사가 50여 차례 태국을 방문했다. 태국 측에서는 쁘렘 띤쑨라논 총리를 시작으로 최근 잉락 친나왓 총리까지 태국 총리가 7차례 한국을 방문했으며, 상원 의장과 하원 의장을 비롯한 장차관급 인사가 30여 차례 한국을 방문했다. 그리고 왕실의 공주도 8차례나 방한했다.

2) 경제 통상 교류

한국과 태국의 무역량은 1980년대 후반 이래 지속적인 신장세를 나타내고 있다. 2005년 60억 달러이던 교역 규모는 2006년에는 75억 달러, 2007년에는 83억 달러, 2008년에는 105억 달러였다. 주요 수출·수입 품목을 한국 기준으로 살펴보면, 수출품은 철강 금속, 화학공업, 전자 전기 제품 순이고, 수입품은 농림 수산물, 전자 전기 제품, 화학제품 순이다. 태국의 무역량은 2009년 세계 금융 위기로 인해 감소했으나, 2010년에 세계 경기가 회복되고, 2010년 1월에 한국-태국 자유무역협정이 발효되면서 양국 간 무역량이 급증했다. 2011년 양국

간 총 무역 규모는 약 139억 달러(수출 84억6천만 달러, 수입 54억1천만 달러)로, 2010년 대비 30.5% 증가했다. 태국은 한국의 제20위 무역 대상국이다. 투자 현황을 보면 현재까지 한국의 대태국 투자는 총 1,789건, 24억 달러(2011년 누계, 신고 기준)로 외환 위기 이후 저조했으나, 2010년부터 회복세로 돌아서서 2011년에 대폭 증가했다. 태국의 대한국 투자는 총 199건, 6,840만 달러로 2009년에만 4천6백만 달러를 투자해 그간 투자 규모 중 최대를 기록하였다.

3) 학문 교류

교육과 문화 차원에서 인적 교류는 초기 한국에서 태국어 교육이 시작되면서부터 한국외국어대학교와 쭐라롱껀 대학교를 비롯한 자매 대학 간의 학문 교류 협정에 따라 이루어졌다. 태국인 교수들이 초빙되어 한국에서 강의하고, 한국 학생들이 태국 대학에서 유학을 하게 되었다. 현재는 부산외국어대학교를 비롯한 많은 국내 대학이 태국 대학과 교류하고 있다. 또한 교환학생 제도나 7+1제도 등에 따라 공부하는 한국인 학생 수가 점차로 증가하고 있다. 태국에서 한국어 교육이 시작되면서 초기에는 학술진흥재단의 지원을 받아 한국인 교수 요원이 파견되어 강의를 시작하였다. 이후 국제교류재단의 지원으로 이관되어 태국 대학의 한국어 교수 요원 파견과, 태국 대학생을 대상으로 한 장학생 선발 등이 활발하게 이루어졌다. 이 밖에도 한국국제협력단 해외 봉사단에서도 태국의 여러 대학에 매년 많은 인원을 파견하여 한국어 교육을 비롯한 다방면에서 봉사를 하고 있다.

최근 양국은 매년 교사 및 학생 교환 프로그램을 활발하게 운영하고 있다. 양국의 유학생 수는 꾸준히 증가했는데, 태국 유학생들은 대부분 한국어 교육, 한국학, 경영, 경제, 공학 순서대로 확대되고 있는 반면, 한국 유학생들은 태국어 전공자들이 태국어와 태국학 분야에서 공부하거나 국제적 분야로 호텔, 마케팅, 영어 등을 공부하는 것으로 나타났다.

양국의 청소년 교류도 확대되고 있는데 국제청소년연합(IYF), 한국청년회의소, 한국청소년단체협의회, 국가 간 청소년 교류의 협약을 통해 이뤄지고 있다. 이 밖에도 상대 국가의 기업, 학교, 농촌, 일반 가정 등을 참관하고, 대학생 친목 행사에 참여함으로써 서로에 대한 이해의 폭을 넓히는 프로그램들이 운영되고 있다.

4) 관광 교류

양국 간의 관광을 통한 상호 방문은 유례없이 빠른 속도로 증가하고 있다. 태국은 1970년부터 외국인들을 대상으로 태국 여행을 지원하기 시작했다. 한국은 1980년대 후반부터 해외여행 자유화가 실시되는 등 해외여행의 기회가 대폭 늘었다. 1986년 8천 명에 미치지 못했던 관광객 숫자는 점차 증가하여 1995년에는 30만 명을 상회함으로써 40배 가까운 증가율을 보였다. 2000년대 들어 태국을 찾는 한국인 관광객 수는 1백만 명 안팎인데, 이는 태국 내 외국인 관광객 가운데 10위 이내이며, 한국인의 관광 선호도에 따르면 태국은 미국, 일본에 이어 세 번째 순위를 차지하고 있다. 한류의 영향으로 한국을 찾는 태국인 관광객도 증가하고 있는데, 2007년에 18만6천 명, 2008년에 22만 명, 2009년에 29만5천 명, 2010년에 40만 명, 그리고 2011년에는 46

만4천여 명으로 나타났다. 태국인 관광객 숫자는 4년 동안 무려 2.5배나 증가했다. 통계를 보면 태국인 관광객들은 40% 정도가 1~4월에 입국했으며 그 중에서도 특히 3~4월이 많았다. 이들이 한국에서 찾는 주요 관광지는 〈겨울연가〉 촬영지로 유명한 남이섬, 한국의 전통과 문화를 경험할 수 있는 수원성, 초대형 놀이 공원인 에버랜드 등으로 나타났다. 특히 남이섬의 경우에는 외국인 관광객 가운데 태국인이 가장 높은 비율을 차지하고 있다.

5) 한인 사회

현재 태국에 거주 및 체류하는 한국인의 수는 약 2만5천여 명으로 추정된다. 이들은 대부분 여행업, 요식업 등 관광 관련 분야에 종사하고, 노동 집약적 업종에서 자영업을 운영하거나 한국계 투자 업체에서 근무하며, 선교사, 퇴직 후 장기 체류자, 유학생 등도 포함된다. 지역별로 보면 방콕 및 인근(2만2천 명), 푸껫(1천5백 명), 치앙마이(1천 명)이다. 앞으로 태국 사회의 한국인 거주자 수는 증가할 것으로 예상된다. 한편 한국에 거주하는 태국인들은 마사지 업종, 태국 식당이나 관광산업에 종사하는 사람들과 노동자, 유학생 등으로 구성되어 있다. 이들은 한류 전파의 거점으로 역할을 하고 있을 뿐만 아니라 상대 국가의 문화를 받아들이고 교류할 수 있는 구심점의 역할을 할 것으로 기대된다(시나나트 2011).

6) 문화 예술 교류

한국과 태국의 문화 예술 교류에서 가장 큰 비중을 차지하는 것은

표 5-1 | 한국-태국 수교 50주년 기념행사 내용

단위 : 만 명, %

행사 내용	날짜(장소)
수교 50주년 런칭 세레모니	2008년 4월 7일(서울)
	2008년 4월 8일(방콕)
국립국악원 전통무용/음악 공연	2008년 7월 26일(치앙마이)
	2008년 7월 29일(푸껫)
수교 50주년 기념 국제학술대회	2008년 8월 7~9일(방콕)
	2008년 10월 31일(서울)
국립중앙극장 〈코리아 판타지〉 공연 및 축하 리셉션	2008년 10월 1일(방콕)
방콕 심포니오케스트라 초청 공연	2008년 10월 1일(서울)
한국-태국 수교 50주년 기념우표 발행	2008년 10월 1일(서울, 방콕)
수교 50주년 기념 공식 리셉션	2008년 10월 1일(서울)
	2008년 10월 2일(방콕)
한국현대미술전	2008년 10월 2~31일(방콕)
태국 참전용사기념비 제막	2008년 11월 4일(부산 유엔 공원 내)
국가 대표 태권도 시범	2008년 11월 12일(방콕)
앙드레김 패션쇼	2009년 3월 7일(방콕)

공연과 전시 행사이다. 두 국가가 공동으로 주최하는 행사와 더불어 양국의 문화 예술단이 정기적으로 상대국을 방문하고 있다. 각종 대형 규모의 전람회와 공연은 상대국을 이해하는 데 큰 영향을 주고 있다. 현재 양국을 매년 상호 방문하는 문화 대표단, 시찰단, 예술단, 전시 단체는 매년 수천 명에 달한다.

2000년대 초반부터 태국은 한국 텔레비전 드라마, 영화, 음반 및 게임에 대해 높은 관심을 보였다. 2005년 7월 지상파 텔레비전 Ch-5에서 한국 드라마로는 처음으로 〈별은 내 가슴에〉를 방영한 이래, 주요 지상파 등에서 2008년 말까지 총 57편의 드라마를 방영했다. 영화는 2003년 초부터 수입하여 시중 극장에서 상영하기 시작했다. 지난 2008년에는 한태 수교 50주년을 맞이하여 다음과 같은 다양한 행사가 열렸다.

한국과 태국은 양국 간 국제 문화제에 참가하고, 영화 등 영상물 사업에 협력하고 있다. 또한 태권도 등 스포츠 교류에도 힘쓰고, 학술 행사 및 문화 예술인 초청 등 다양한 분야에서 문화 교류 사업을 진행해 왔다. 한국문화공연단은 태국 국왕(12월 5일) 및 왕비(8월 12일)의 생일을 계기로 개최되는 국제 문화 축제에 연례적으로 참가하고 있다. 그리고 2008년 이후 매년 방콕 도심에서 한국의 문화를 종합적으로 소개하는 한국 축제(Korea Festival)를 개최하고 있다.

7) 한태 관계와 한류

태국에서 한류는 태국의 사회와 문화에 적지 않은 영향을 주고 있다. 태국인에게 한국은 전쟁으로 폐허가 된 가난한 나라에서 아시아의 용으로, 그리고 최근 들어서는 가보고 싶은 나라, 또는 배울 점이 많은 우방으로 인식되고 있다. 반면 태국인에게 한국 사람은 성격이 급하고 거칠다는 인상이 있었으며, 한국에서 일하는 태국인 이주 노동자들을 착취하는 이미지, 태국을 관광차 방문한 소수 한국인들의 흥청망청한 행태와 태국을 경시하는 듯한 오만함 등 부정적인 인상을 주었던 것도 사실이다. 한국 드라마 등 한류는 이를 긍정적으로 변화시키는 역할을 했다.

한류는 무엇보다 한국 관련 상품에 대한 선호도를 증가시켰다. 한국을 방문하는 태국인 관광객이 최근 5년간 연평균 7% 이상의 성장세를 유지하고 있다. 태국에서는 한국 드라마를 통해 접한 한국 배우들의 의상·장신구·핸드폰·화장품 등 한국산 제품에 대한 선호도가 증가되고, 김치와 삼계탕 등 한국 음식을 선호하는 사람들이 많아졌다. 또한 한국 드라마의 보급과 함께 한국어 교육을 희망하는 사람이 늘어남에 따라 태국 전역에 한국어과 신설 대학이 증가하여 현재 18개 대학에 이른다. 이런 한류 열풍은 최근에는 단순히 즐기는 한류에서 학술적으로 연구하는 한류로 변화하고 있다.

8) 한류의 지속적 확산을 위한 제언

태국에서 한류가 일시적인 현상으로 그치지 않고 올바로 성장하기 위해서는 다음과 같은 여러 가지 면밀한 검토가 필요하다.

첫째로 일방통행적 한류에서 벗어나야 한다. 경제성장과 함께 증가한 태국 국민의 문화적 소비 욕구를 충족시킬 수 있는 문화 콘텐츠가 부족한 상태에서, 과거 일류日流로 불리던 일본 문화가 동북아시아 지역으로 확산되었지만 이것이 국민적 정서와 대립하게 되었으며, 문화 발신 기지로서 홍콩의 기능이 점차 상실되면서 그 공백을 한류가 메워 주고 있다는 분석이 있다. 따라서 이러한 전철을 밟지 않기 위해서는 한국의 깊이 있는 문화를 공유하고 이해할 수 있기 위해 한국과 태국 간의 쌍방향 교류를 활성화하여, 양국을 넘어 아시아의 공통분모를 담을 수 있는 양질의 문화 콘텐츠를 지속적으로 개발하고 공급하여야 할 것이다.

둘째, 문화 콘텐츠의 지적 재산권 보호 방안과 수출을 통한 경제성 추구를 위해서는 태국의 현지 사정과 문화적 특성을 잘 이해하고 상품화할 수 있는 마케팅 인재를 육성할 필요가 있다. 태국에는 아직까지 지적재산권에 대한 인식이나 그에 대한 감독이 철저하지 못한 실정이다. 따라서 지적재산권 보호를 위해서는 저작권, 초상권 등 지적 재산권 관련 사항에 대한 강력한 규제와 처벌 방안을 마련해야 한다. 아울러 유통 구조 개선을 위해서는 소비자 만족도를 높일 수 있는 유통 구조의 기반을 확립하여 유통 비용을 절감하고 문화 상품의 부가가치를 높이는 것이 절대적으로 필요하다.

셋째, 문화산업에 대한 지속적인 관리와 투자를 위해 문화 콘텐츠 평가 시스템을 확립하고, 문화 상품의 질적 수준을 제고하기 위한 연구 개발 능력과, 현지 마케팅의 강화를 통한 문화 상품의 현지화가 필요하다. 한류가 일찍 시작된 일부 지역에서는 이미 이른바 엉성한 흉내 내기 상술로 한류가 외면당하는 일이 일어나고 있다. 조급증과 한탕주의의 한계를 벗어나 장기 전략을 수립하고, 문화 콘텐츠 제작 등에 필요한 연구 개발투자와 연구 인력 양성에 힘써야 할 것이다. 또한 현지 마케팅을 강화함으로써 문화 상품을 현지화하기 위해, 현지 관련사와 긴밀한 협조 환경을 조성하고, 현지 시장 조사를 강화함으로써 상품 콘셉트를 개발하여 '메이드인 코리아'가 아닌 '메이드인 코타이 (Ko-Thai)'나 '메이드인 아시아'로 발전시켜 나가야 할 것이다.

9) 21세기 한국과 태국

한국과 태국은 비교적 가까이 위치해 있으며, 서로 유사한 면과 상반된 면을 동시에 가지고 있다. 한국 사람들은 일제 강점기를 거치고 분단의 시련과 동족상잔의 아픔을 이겨내면서 단기간에 국가 재건에 성공하면서 경제 발전과 민주화를 이루어 냈다. 이런 과정에서 생겨난 한국인의 국민성은 태국인의 시각에서 보면 매우 조급하고 쉽게 화를 내는 반면, 공동체와 국가에 대한 강한 충성심과 단결력을 지니고 있다. 태국인들은 제1, 2차 세계대전을 겪으면서도 식민 지배를 받지 않은 동남아시아 유일의 국가로, 자존심이 강하고 서두를 줄 모르는 느긋한 성격을 지니고 있다. 또한 공동체보다 개인을 우선하고 간섭받기 싫어한다.

한국인과 태국인은 이렇게 서로 다른 역사적·지리적 조건과 환경에서 살아왔으나 21세기 지구촌 시대에 더욱 가까워지고 있다. 한국은 태국을 관광과 투자, 자원, 소비 시장, 생산 기지 등의 키워드를 가지고 접근하고 있으며, 태국은 한국을 이주 노동자의 코리안 드림, 한류를 바탕으로 한 동방정책, 따라 하기 또는 따라잡기 등의 키워드로 다가오고 있다. 21세기 한국과 태국이 가까운 이웃으로서 상호 발전을 도모하기 위해서는 상대국의 구성원과 그 구성원들의 가치관, 사회구조, 문화적 특성에 대해 좀 더 진지하고 깊이 있는 탐구가 필요하다.

1. 한·태 외교 관계 및 쌍무협정

년 월	내 용
1949.10	타이왕국 정부의 대한민국 공식 승인
1950.11	한국전쟁에 타이왕국군 1개 연대 참전
1958.10	대한민국과 타이왕국간 공식 외교 관계 수립
1959. 1	이승만 대통령이 초대 주한태국공사 신임장 제정
1960. 2	양국에 대사관 설치 합의
1960. 3	방콕에 대한민국 대사관 설치
1961. 7	서울에 타이왕국 대사관 설치
1961. 9	무역 협정 체결
1963. 5	한-태 간 무역관 전시품 면세 통관에 관한 협정 체결
1967. 7	한-태 간 각자의 영역 간 및 그 이원의 항공 업무를 위한 협정 체결
1967.10	한-태간 관용여권 사증 및 수수료 면세 협정 체결
1968.12	한-태 우호통상 항해조약 체결
1972. 6	주대한민국 타이왕국군 완전 철수
1977.10	한-태간 운수소득 면세 협정 체결
1977.11	한-태 상공회의소 설립
1979.10	한-태간의 이중과세방지 협정 체결
1980.10	한-태간의 국제운수소득 면제협정 체결
1981. 1	한-태간의 국제운수에 있어서의 선박 및 항공기 운항에 대한 면세에 관한 협정 체결
1981.11	한-태간의 사증 면제 협정에 관한 각서 교환
1985. 6	한-태간의 과학기술협력 협정
1989. 3	한-태간의 투자 보장 협정
1999.	한-태간의 범죄자 인도 협정
2005. 4	한-태간 형사사법 공조조약 공포
2006. 5	한-태간 항공운항 자유화 협정 타결
2007. 6	한-태간 이중과세방지 협정개정안 발효
2007.12	태국의 한-아세안 자유무역협정 상품 협정 가입 협상 실무 타결

자료 : 한국태국학회.

2. 대한민국 측 주요 인사의 타이 왕국 방문

년 월	주요 인사	비고
1966. 2	박정희 대통령	타이왕국 국왕 공항 영접
1994. 7	한승주 외무부장관	동남아국가연합 및 제1차 아세안지역포럼회의
1994. 9	이영덕 국무총리	
1999. 11	한덕수 통상교섭본부장	제11차 한·태 통상장관회담
2000. 2	한덕수 통상교섭본부장	제10차 유엔 무역개발협의회(UNCTAD) 총회
2002. 6	최성홍 외교부장관	아시아협력대화(ACD) 참석차
2003. 6	황두연 통상교섭본부장	아시아태평양경제협력체 통상장관회의 참석
2003. 6	윤영관 외교통상부장관	아시아협력대화 참석차
2003. 6	김화중 보건복지부장관	아시아태평양경제협력체 보건장관회의 참석
2003. 10	노무현 대통령 윤영관 외교부장관 황두연 통상교섭본부장 수행	아시아태평양경제협력체 정상회의
2003. 11	진대제 정통부장관	한·태 IT 장관회의
2004. 2	남재준 육군참모총장	
2005. 1	정동채 문화관광부장관	세계무역기구 세계관광구 긴급 집행이사회 참석

자료 : 한국태국학회.

3. 타이 왕국 측 주요 인사의 대한민국 방문

년 월	주요 인사	비고
1961. 9	타닛 커만(ถนัด คอมันตร์) 외무부 장관	
1964. 1	타닛 커만 외무부 장관	
1967. 4	타넘 낏띠카쩐(จอมพลถนอม กิตติขจร) 수상	
1968. 3	쁘라팟 짜루싸티안(ประภาส จารุเสถียร) 부수상	
1970.10	쁘라껍 후따싱(ประกอบ หุตะสิงห์) 대법원장	
1971. 4	외라깐반차 분껏쑤딴따논(วรการบัญชา, บุญเกิด สต้นตานนท์) 상원 의장	
1975.11	찻차이 춘하완(ชาติชาย ชุณหะวัณ) 외무부 장관	
1977.7	하린 홍싸꾼(หะริน หงสกุล) 상원 의장	
1977.9	타닌 끄라이위치안(ธานินทร์ กรัยวิเชียร) 수상	
1979.10	타위 쭌라쌉(ทวี จุลทรัพย์) 부수상	조문 사절단
1980.4	분텡 텅싸왓(บุญเท่ง ทองสวัสดิ์) 하원 의장	
1980.11	분추 로짜나싸티안(บุญชู โรจนเสถียร) 부수상	
1981.3	타닛 커만 부수상	경축 사절
1981.5	쁘라만 아디렉싼(ประมาณ อดิเรกสาร) 부수상	
1981.11	쁘렘 띤쑨라논(เปรม ติณสูลานนท์) 수상	훈장 수여
1982.5	찬 마누탐(ชาญ มนูธรรม) 수상실 장관	
1983.10	아팃 깜랑엑(อาทิตย์ กำลังเอก) 최고사령관	
1983.10	쁘라팟 림빠판(ประพาส ลิมปะพันธ์) 외무부 부장관	버마 사건 조문 사절
1984.1	피차이 랏따쿤(พิชัย รัตตกุล) 부수상	훈장 수여
1984.1	쁘라쏭 쑨씨리(ประสงค์ สุนศิริ) 안보회의 사무국장	
1985.4	꼬쏜 끄라이릭(โกศล ไกรฤกษ์) 상무부 장관	
1985.8	쓴티 싸웻씬라(สิทธิ เศวตศิลา) 외무부 장관	
1985.10	우타이 핌차이촌(อุทัย พิมพ์ใจชน) 국회의장	
1985.10	쏨마이 훈뜨라꾼(สมหมาย ฮุนตระกูล) 재무부 장관	국제통화기금 총회
1985.12	꼬쏜 끄라이릭(โกศล ไกรฤกษ์) 상무부 장관	
1987. 8	쭐라펀 공주 (สมเด็จพระเจ้าลูกเธอ เจ้าฟ้าจุฬาภรณวลัยลักษณ์ อัครราชกุมารี)	
1988.10	씻티 싸웻씬라(สิทธิ เศวตศิลา) 외무부 장관	
1990.	짬렁 씨므앙(จำลอง ศรีเมือง) 방콕 시장	
1991. 3	씨린턴 공주 (สมเด็จพระเทพรัตนราชสุดาฯ สยามบรมราชกุมารี)	
1991.11	아싸 싸라핀(อาสา สารสิน) 외무부장관	아시아태평양경제협력체 각료회의
1992. 5	왓치라롱껀 왕자 (สมเด็จพระบรมโอรสาธิราช เจ้าฟ้ามหาวชิราลงกรณ สยามมกุฎราชกุมาร)	
1993. 3	마룻 분낙(มารุต บุนนาค) 국회의장	
1993.10	쁘라쏭 쑨씨리(ประสงค์ สุนศิริ) 외무부장관	
1994.6	추안 릭파이(ชวน หลีกภัย) 수상	
1997.4	미차이 르추판(มีชัย ฤชุพันธ์) 상원의장	IPU 총회
1997. 5	쑤파차이 파닛차팍(ศุภชัย พานิชภักดิ์) 부수상	아시안게임 집행위원회
1998. 7	쑤린 핏쑤완(สุรินทร์ พิศสุวรรณ) 외무부장관	
1999.4	추안 릭파이(ชวน หลีกภัย) 수상	
2000. 3	쑤파차이 파닛차팍(ศุภชัย พานิชภักดิ์) 부수상 겸 상무부 장관 타린 님만헤민(ธารินทร์ นิมมานเหมินท์) 재무부장관	아시아태평양경제협력체 서울포럼
2000. 6	쏨짜이늑 엥뜨라꾼(สมใจนึก เองตระกูล) 태국관세청장	

2000.10	추안 릭파이(ชวน หลีกภัย) 수상 쑤린 핏쑤완(สุรินทร์ พิศสุวรรณ) 외무부장관	(아시아유럽정상회의)
2001. 1	껀폰 앗싸윈위찟(กรพจน์ อัศวินวิจิตร) 상무부 부장관	
2001.11	쁘라쭈압 차이야싼(ประจวบ ไชยสาส์น) 태국 무역대표	
2002. 1	아디싸이 포타라믹(อดิศัย โพธารามิก) 상무부장관	제12차 무역공동위 참가
2002.12	껀 탑파랑씨(กร ทัพพะรังสี) 외교담당 부수상	
2003. 8	탁씬 친나왓(ทักษิณ ชินวัตร) 수상 쑤라끼얏 싸티안타이(สุรเกียรติ์ เสถียรไทย) 외무부장관 아디싸이 포타라믹(อดิศัย โพธารามิก) 상무부장관 쑤라퐁 씨부앙리(สุรพงษ์ สืบวงศ์ลี) 정통부장관 피닛 짜루쏨밧(พินิจ จารุสมบัติ) 과기부장관 수행	
2003.11	쏨킷 짜루쏨밧(สมคิด จาตุศรีพิทักษ์) 부수상 쑤라퐁 씨부앙리(สุรพงษ์ สืบวงศ์ลี) 정통부장관	
2004.10	씨린턴 공주	세계박물관대회 참석
2004.10	쭐라펀 공주	KAIST와 업무 협의
2004.11	쭐라펀 공주	KAIST와 업무 협의
2005. 5	탁씬 친나왓 수상	정부혁신 세계포럼 참석
2005.11	탁씬 친나왓 수상	아시아태평양경제협력 체 정상회의 참석
2009.6	아피씻 웨차치와(อภิสิทธิ์ เวชชาชีวะ) 수상	한·아세안 특별정상회의
2012.3	잉락 친나왓(ยิ่งลักษณ์ ชินวัตร) 수상	2012 서울 핵안보정상회의

자료 : 한국태국학회.

4. 태국에 진출해 있는 한국 회사 목록 (2009년 기준)

기업명	분야	모회사
DAEWOO International (THAILAND) CO., LTD.	ETC	DAEWOO International (THAILAND) CO., LTD.
DPI Co., Ltd.	Wholesale	DPI KOREA Co., Ltd.
MonAmi(Thailand) Co, Ltd	Stationery	MonAmi Co, Ltd
SAMU DIES THAILAND CO., LTD.	Mold	SAMUDIES CO., LTD.
hanjinshipping Co, Ltd	Logistic	Hanjinshipping Co, Ltd
Geusan Acoustic(Thailand) Co., Ltd.	Electronic	Geusan Acoustic Co., Ltd.
Gorio Thai Co.,Ltd.	Wholesale	NA
Kohsan Industries Co.Ltd	Electronic	Kohsan Industries Co.Ltd
KWANG ILL ENGINEERING (THAI) CO., LTD.	Electronic	NA
GLORIA TECH(THAILAND) Co, Ltd	Metal Assembling	NA
THAI KUMNUNG CO., LTD.	Rubber, Plastic	THAI KUMNUNG CO., LTD.
Noxan International Co.,Ltd.	Wholesale	NA
NUINTEK VRK CO., LTD	Electronic	NUINTEK VRK CO., LTD
Darani Manufacturing Co.,Ltd.	Manufacturing	Darani Co.,Ltd.
DAE-KYUNG TECH CO., LTD	Electronic	Kyunghan Tech Co., Ltd.
DAIDONG ELECTRONICS (THAILAND) CO., LTD.	Electronic	NA
DAESUNGENGINEERING(THAILAND)CO, LTD.	Rubber, Plastic	DAESUNGENGINEERINGCO,LTD.
DAE-A ELECTRONICS (THAILAND) CO., LTD.	Electricity	NA
Dae Young International	Wholesale	NA
DaeyoungPacking Co., Ltd.	Publishing	NA
Daewon GIS Thailand	ETC	NA
DAIHAN CLIMATE CO., LTD.	Machinery	DAIHAN CLIMATE CO., LTD.
KoreanAirlineCo.,Ltd. Bangkok Branch	Logistic	KoreanAirlineCo.,Ltd.
Dongnama Shipping Co, Ltd	Logistic	Dongnama Shipping Co, Ltd
Dongbu Steel Co., LTD	Wholesale	Dongbu Steel Co., LTD
DONGSUNG NSC (THAILAND) CO., LTD.	Electronic	NA
Dong Yang Magnet Wire(thailand) Co. Ltd.	Electronic	Dong Yang Magnet Wire Co. Ltd.
OPC THAI CO., LTD.	Electronic	Dongyang Tech Co., Ltd.
DONG HWA INDUSTRY (THAILAND) CO., LTD.	Electronic	DONG HWA INDUSTRY CO., LTD.
Dream To Reality Co., Ltd.	Computer	Dream to Reality Co., Ltd.
Rama Shoes Industries Co., Ltd.	Leather, Bags	NA
RATCHABURI WOOSUN CO., LTD.	Logistic	RATCHABURI WOOSUN CO., LTD.
Lucky Union Foods Co., Ltd.	Beverage	LG Int'l Corp Co., Ltd.
LOCUS TELECOMMUNICATION, INC.	Electronic	LOCUS TELECOMMUNICATION, INC.
Rocket Thai Co., Ltd.	Machinery	Rocket Co., Ltd.
Longthai Int'l Co.,Ltd.	Wholesale	NA
LUBO Asia Co., Ltd.	Manufacturing	LUBO Asia Co., Ltd.
RINNAI(THAILAND)CO.	Manufacturing	RINNAI CO.
Maxon CIC	Electronic	Maxon CIC

Maxon Systems(Thailand) Co., Ltd.	Electronic	Maxon CIC
Metropolitan Industrial Leasing Co.,Ltd.	Finananve	Saneun Capital
MIRAE ELECTRONIC(THAILAND) CO., LTD	Electricity	Jiwon Trading
Mijin Motors	Automobile	Mijin Motors
Parks Toy(Thailand) Co., Ltd.	ETC	Parks Industry Co., Ltd.
VolVik(Thailand)Co.,Ltd.	Wholesale	Volvik Inc
Saha Sehwa Co., Ltd.	Manufacturing	Sehwa Politech Co., Ltd.
Sam Do(Thailand) Co., Ltd.	Manufacturing	Human Tech Co., Ltd.
Sammi Sound Tech(Thailand) Corp. Ltd.	Electronic	NA
Samsung (Thailand) Co., Ltd	Wholesale	Samsung C&T Co., Ltd.
Siam Samsung Life Insurance Co.,Ltd.	Finananve	Siam Samsung Life Insurance Co.,Ltd.
Samsung Engineering(Thailand) Co., Ltd	Construction	Samsung Engineering Co., Ltd
Samsung Electro-Mechanics	Electronic	Samsung Electronics Co.,Ltd.
Samsung Electro-Mechanics Bangkok Office	Electronic	Samsung Electro-Mechanics
Thai Samsung Electronics Co.,Ltd.	Electronic	Samsung Electro-Mechanics
Thai Samsung Electronics Co.,Ltd.	Electronic	Samsung Electronics Co.,Ltd.
Samyoung Thai Engineering Co.,Ltd.	Machinery	Samyoung Engineering Co.,Ltd.
Sam Won Mold(Thailand) Co., Ltd.	Machinery	Sam Won Mold Co., Ltd.
Samhwa IND (Thailand) Co., Ltd.	Electronic	Si Tech
SAMWHA(THAILAND) CO., LTD	Electronic	SAMWHA Group CO., LTD
SJ MICRON (THAILAND) COMPANY LIMITED	Electronic	SJ MICRON COMPANY LIMITED
SUNGCHUL HITECH CO., LTD.	Rubber, Plastic	SUNGCHUL HITECH CO., LTD.
THAI SESHIN ENF CO., LTD.	Rubber, Plastic	SESHIN ENF CO., LTD.
SEIL CONTROLS (THAILAND) CO., LTD.	ETC	SEIL CONTROLS CO., LTD
CENTRAN INTERNATIONAL CORP(THAILAND) LTD	Logistic	NA
Songs Toy Co., Ltd.	Manufacturing	NA
Stephano Cho Co. Ltd	Manufacturing	NA
Spiro Tech Supplies Co., Ltd.	Leather, Bags	TS Corporation
Sinai Intl Co., Ltd.	Wholesale	NA
Shi-Asia Co.,Ltd.	Manufacturing	Shi-Asia Co.,Ltd.
Siam Bay Design Co., Ltd.	Wholesale	NA
SIAM KEEPER MANUFACTURING CO.,LTD.	Rubber, Plastic	Hankuk Keeper Co., Ltd.
Siam Tire Cord Co., Ltd.	Rubber, Plastic	Kolon Co., Ltd.
PSMT Company Limited	Manufacturing	PSMT Company Limited
SIAMDENT CO.,LTD.	Beverage	NA
SINCE WIN THAI CO., LTD	Metal Item	SINCE WIN CO., LTD
SHIN ANN (THAILAND) CO., LTD.	Electricity	SHIN ANN CO., LTD.
Shin Yang(Thailand) Co., Ltd.	Manufacturing	Shin Yang Co., Ltd.
Shin Heung Co., Ltd.	Manufacturing	Shin Heung Co., Ltd.
Sun International Co., Ltd.	Wholesale	NA
Asia Kangnam Co., Ltd.	Garment	KPI Co. Ltd
ASIANA AIRLINES, BANGKOK REGIONAL OFFICE	Logistic	ASIANA AIRLINES
ASIA PLASTIC ENGINEERING CO., LTD.	Rubber, Plastic	ASIA PLASTIC ENGINEERING

		CO., LTD.
Aphapim Co.,Ltd.	Rubber, Plastic	NA
NBY Development Co., Ltd	Timber	NA
MDM I&C Co.,Ltd.	ETC	MDM I&C
EDDU PLUSH CO., LTD.	Manufacturing	Korea Froebel
NC TRUE CO., LTD.	Online Game	NC SOFT CO., LTD.
Sigma Elevator Thailand Co., Ltd.	Wholesale	LG OTIS Co., Ltd.
WoongJin Coway(Thailand) Co., Ltd.	Business Service	WoongJin Coway Co., Ltd.
Wonil Thai Co.,Ltd.	Wholesale	NA
WORLD SYSTEMS(THAILAND) CO., LTD	Electrical Machinery	Pro Tech
World Forest(Thailand)Co.,Ltd.	Manufacturing	World Forest Co.,Ltd.
YOOWON ELECTRONIC CO., LTD.	Electrical Machinery	Winics Co., Ltd.
Inter Silk Screen Co.,Ltd.	ETC	NA
Zaina International Group Co., Ltd	Fiber	Daesung Industry
General Sox Co., Ltd.	Fiber	NA
JEHIL(THAILAND)CO., LTD.	Machinery	JEHIL CO., LTD.
CJ Corp Bangkok Office	Wholesale	CJCorp
CHO-ILELECTRONECS(THAILAND)CO.,LTD. CHO-KWANGELECTRONECS(THAILAND) CO.,LTD.	Electronic	Oil Metal Co., Ltd.
THE PILOT PEN CO.,(THAILAND)LTD.	Manufacturing	THE PILOT PEN CO.,(KOREA)LTD.
Jinyang Wire Rope(Thailand) Co., Ltd.	Electrical Machinery	NA
CHALLENGE MEDICAL PRODUCTS CO., LTD.	Medical Device	NA
K H Plush Co.,Ltd.	Fiber	Dongrim Co., Ltd.
K. N. HITECH CO., LTD	Leather, Bags	NA
KTCC Co.Ltd	Sports, Culture	KTCC Co., Ltd
CORRUPAD THAILAND CO., LTD.	Manufacturing	CORRUPAD KOREA CO., LTD.
THAI NAN SILK CO., LTD.	Fiber	NA
Thai Sungshin New Material Co., Ltd.	Leather, Bags	Sungshin New Material Co., Ltd.
THAI STEEL KASPI CO., LTD.	Metal Assembling	STEEL KASPI CO., LTD.
THAI SYSTECH KYOWA CO., LTD.	Rubber, Plastic	NA
THAI OHSUNG ELECTRONICS CO., LTD.	Rubber, Plastic	OHSUNG ELECTRONICS CO., LTD.
Thai Tae Sung Co.,Ltd.	Fiber	NA
Thai IT	Computer	NA
TaeHeung Hech Co. Ltd	Rubber, Plastic	Hayoung Co., Ltd.
T.D.K Industrial Co., Ltd	Electronic	T.D.K Industrial Co., Ltd
TPT PETROCHEMICAL PUBLIC CO., LTD.	Chemical	NA
Pacific Mart Co.,Ltd.	Wholesale	NA
PYONGSAN INTERNATIONAL THAILAND COMPANY LTD.	Machinery	PYONGSAN INTERNATIONAL COMPANY LTD.
POS-THAI Steel Service Center Co., LTD	Metal	POSTEEL
FOCUS HIGHTECH (THAILAND) CO., LTD.	Electrical Machinery	NEC Co., Ltd.
Prothai Co., Ltd.	Wholesale	NA
P&Y TOYS (THAI) Co,Ltd	Fiber	NA

Pek Industry Co.,Ltd.	Leather, Bags	Kyungjin Industry
HIFI HI-TECH CO., LTD.	Electrical Machinery	Daesung Hi-Tech Co., Ltd.
Korea National Tourism Organization, Bangkok Office	ETC	Korea National Tourism Organization
KEC(Thailand)	Electronic	KEC
Halla Climate Control(Thailand) Co., LTD	Automobile	Halla Climate Control Co., LTD
THAI HANSUNG BOLT CO., LTD.	Metal Assembling	HANSUNG BOLT CO., LTD.
Hansol Electronics(Thailand) Co., Ltd.	Stationery	Hansol Electronics Co., Ltd.
Hanwha Chemical(Thailand) Co., Ltd.	Manufacturing	Hanwha ChemicalCo., Ltd.
Haesung(Thailand)Co.,Ltd.	Electronic	Haesung Co.,Ltd.
Haitai Seafood Co,Ltd	ETC	Global Seafood Co., Ltd.
Henry & Johnson Int'l Co.,Ltd.	Manufacturing	NA
Hyunkwang(Thai) Ind., Co., Ltd.	Manufacturing	Hyunkwang Ind., Co., Ltd.
HYUNDAI MERCHANT MARINE(THAILAND) CO, LTD	ETC	HYUNDAI MERCHANT MARINE CO, LTD
Hyosung Corporation Bangkok Office	Wholesale	Hyosung Corporation
LG Mitr. Electronics Co., Ltd.	Electronic	LG Electronics Co., Ltd
LGIntlCorp. Bangkok Representative Office	Wholesale	LG Int'l Corp Co., Ltd.
LG Srithai InfoComm(Thailand) Co., Ltd.	Electronic	LG Electronics Co., Ltd
LG Electronics(Thailand) Co., Ltd	Electronic	LG Electronics Co., Ltd
LG Electronics Inc. Bangkok Office	Wholesale	LG Electronics Co., Ltd
POH IT Corp	Telecommunication	POH IT Corp
POSCO Bangkok Representative Offic	Business Service	POSCO
SK Engineering And Construction	Construction	SK Construction Co., Ltd
Thaesuk Precision(Thailand) Co., Ltd.	Manufacturing	TSP

자료 : 주한태국 대사관 상무관실.

5. 한국에 투자한 태국 기업 목록

구분	기업명	진출 시기	분야
1	Big Bang Bowling	1994.04.28	Bowling Center/Machinery Repairment/Trading
2	Thai Orchid Co., Ltd.	1996.05.21	Thai Cuisine Restaurant
3	Telian	1998.04.27	Manufacture/Trading
4	Zakang Inc.	1999.04.13	Manufacture/Trading
5	Pataya Co., Ltd.	1999.08.30	Thai Cuisine Restaurant
6	SigCombiblocKoreaLtd.	2001.10.10	Brokerage Business, Machinery Engineering Service
7	DK Industry	2003.01.22	PrecisionMold&ManufacturingHeatexchanger
8	Samgwang Industry	2003.12.11	Automobile Remodeling, Disassembly
9	CanadoilpipingCo.,Ltd.	2004.06.28	Trading
10	K&T CO., LTD	2005.06.27	Trading & Garment
11	Pro Telecom Co., Ltd.	2004.08.04	IT Venture, Electronic & Electricity Items
12	Aloy-D Co., Ltd.	2004.11.05	Thai Cuisine Restaurant
13	Good Thai Co., Ltd.	2005.02.02	General Goods, Thai Cuisine Service
14	CPK Food Systems CO., LTD.	2005.03.01	Trading, Franchising Service
15	Opticom Co., Ltd.	2005.03.21	Eyeglassses Manufacture
16	Tuk Ran Tai	2005.06.29	Groceries Retail
17	Kai Mart	2005.12.13	Mart
18	KT Ineternational	2005.11.01	Wholesale, Trading
19	New Thai Food Co., Ltd.	2005.10.18	Wholesale
20	Smile	2006.02.06	Grocery Distributor
21	SiamCo	2006.01.24	Wholesale/Retail
22	Bangkok Mart	2006.03.28	Groceries Wholesale/Retail, Trading
23	SP Thai Trading	2006.03.02	Trading
24	Cupkua Thai	2006.05.16	Mart
25	Tiger Mart	2006.02.14	Groceries Wholesale/Retail, Trading
26	Hantai Investment Ltd.	2006.04.10	Trading
27	Mee Mee Food and Trading Co., Ltd.	2006.03.29	Processed meat Wholesale/Retail
28	World Food	2006.05.25	Groceries Wholesale/Retail, Trading
29	Korea Thai	2006.06.22	Groceries Wholesale/Retail, Trading
30	Thai Food	2006.10.26	Groceries Wholesale/Retail, Trading
31	Kuewtteaw Sukhothai	2006.10.26	Groceries Wholesale/Retail, Trading
32	Prime Trading Co., Ltd.	2006.12.28	Trading
33	Chai Mart	2008.03.19	Mart
34	Love Thai	2007.04.06	Groceries Import/Export
35	Thai Restaurant	2008.08.22	Thai Cuisine Restaurant
36	Dun Mart	2008.03.24	Mart
37	Banwhoua	2007.07.23	Thai Cuisine Restaurant
38	T&Co	2007.09.07	Wholesale/Retail
39	Incheon Mart	2008.02.11	Mart
40	Korat Trading	2008.01.21	Groceries Wholesale/Retail, Trading
41	Gul World Trading	2008.03.12	Total general goods Wholesale/Retail
42	Sawaddee	2008.03.31	Groceries Wholesale/Retail, Trading
43	T&Co Co., Ltd.	2008.02.28	Meatball Wholesale/Retail

44	BunrodTrading	2008.03.19	Trading
45	Subhan Trading Co	2008.04.22	Trading
46	Thai Center	2008.07.07	Convenient Store
47	Thai Inter	2008.11.25	Thai Cuisine Restaurant
48	One World Co., Ltd.	2008.07.28	Trading
49	Kawwilai Trading	2008.08.29	Trading
50	Number One	2008.11.20	Thai Cuisine Restaurant
51	Baan Thai	2008.10.01	Thai Cuisine Restaurant
52	Nong Seoul Co., Ltd.	2008.10.14	Total general goods Wholesale/Retail
53	Supavade Tradings	2008.11.11	Trading
54	The Pavilion Co., Ltd.	2008.12.08	Skincare & Real Estate Business
55	Nongpeam Trading Co., Ltd.	2008.10.22	Wholesale/Retail
56	Korea Thai Food	2008.12.02	Food materials Import
57	Vision Science	2008.11.19	Contact Lens Import
58	Thai-Rak Co., Ltd.	2008.11.11	Wholesale
59	Hwan Jai Trading	2008.12.11	Groceries Wholesale/Retail, Trading
60	Kongnio	2009.02.02	HomeAppliance,Toys

자료 : 주한태국 대사관 상무관실.

6. 한국 소재 태국 음식점 목록

구분	상호명	지점	소재지
1	After the Rain 1	CheongDam	Seoul
2	Ahan Thai 1	SinDoRim Techno Mart	Seoul
3	Ahan Thai 2	YeoUiDo Jinmi Paragon	Seoul
4	Ahan Thai 3	YeongDeungPo Timesqare	Seoul
5	Ahan Thai 4	Yong-in DongBaek	Seoul
6	Aroi		Seoul
7	Aroi Aroi		Incheon
8	Baan Khanitha		Seoul
9	Bangkok Tree		Seoul
10	Buddha's Belly 1	Itaewon 1	Seoul
11	Buddha's Belly 2	Itaewon 2	Seoul
12	Café AQUA		Seoul
13	Chaewon Shabu Suki		Seoul
14	GaNamJi		Daejeon
15	Golden Thai		Seoul
16	HelloThai		Busan
17	K Chang 3		Seoul
18	K. Chang		Seoul
19	Kai Mart		GyeongGi-Do
20	Khua Thai 1	SeonLeung	Seoul
21	Khua Thai 2	YongSan Station(I'Park Mall)	Seoul
22	Khua Thai 3	BunDang	GyeongGi-Do
23	Lanna Thai 1	YeoUiDo	Seoul
24	Lanna Thai 2	National Assembly	Seoul
25	Lanna Thai 3	YangJae	Seoul
26	Little Thai		Seoul
27	Marsil		Seoul
28	Marsil		GyeongGi-Do
29	Marsil		Seoul
30	My Thai		Seoul
31	Oriental Rice 2		Seoul
32	Oriental Rice 3		Seoul
33	Oriental Rice 4		GyeongGi-Do
34	Pad Thai		GyeongGi-Do
35	Park		Seoul
36	Pattaya 3	Itaewon	Seoul
37	Pattaya4	Seoul National Univ.	Seoul
38	Saebilly		Seoul
39	Sala Thai 2	JamSil Lotte Castle	Seoul
40	Sala Thai 3	Jung-Dong	Gyeonggi-Do
41	Sala Thai 6	JeongJa-Dong	Gyeonggi-Do
42	Siam Thai		Seoul
43	Silk Spice		Seoul
44	Simply Thai		GyeongGi-Do
45	Soo&Soo		Seoul
46	Sukhothai	InGye	GyeongGi-Do

47	Sukhothai	YeongTong	GyeongGi-Do
48	Thai & Joy		GyeongGi-Do
49	Thai Garden		Seoul
50	Thai Noodle		Seoul
51	Thai Orchid 3	Itaewon	Seoul
52	Wang Thai		Seoul
53	Zen Hideaway 1	ApGuJeong-Dong	Seoul
54	Zen Hideaway 2	Myeong-Dong	Seoul
55	Zen Hideaway 3	HongDae	Seoul
56	Zzum Zzum		Seoul

자료 : 주한태국 대사관 상무관실.

참고문헌

1. 국문 문헌

강승중. 2009. "한국 내 태국 이주자들의 현황과 문제점."『한국태국학회논총』
　　　　제16-1호(한국태국학회).

강철근. 2005. "한류 확산과 문화 외교." 추계 공관장회의 강의록(외교통상부).

김성섭·김미주. 2009. "태국 사회에서 한류 대중문화 상품이 한국의 국가 이미지
　　　　인식과 한국 방문 의향에 미치는 영향."『관광연구』
　　　　23-4호(대한관광경영학회).

김유정. 2008. "고용 허가제 한국어 능력 시험의 현황과 과제."『이중언어학』
　　　　38호(이중언어학회).

김은남. 2001. "한국 기업들, 한류 만나 '펑호아'."『시사저널』
　　　　제630호(2001/11/22).

김홍구. 2000. "태국의 경제위기와 외국인 노동자."『한국태국학회논총』
　　　　제8호(한국태국학회).

＿＿＿. 2005. "태국의 한류 현상 : 분석과 평가."『한국태국학회논총』
　　　　제12호(한국태국학회).

＿＿＿. 2009. "한국 속 태류 현상의 배경과 현황."『한국태국학화논총』
　　　　15-2호(한국태국학회).

담롱 탄디. 2008. "한반도와 태국의 안보."『한태 관계의 어제와 오늘』.
　　　　한국태국학회, pp. 141-214.

박번순. 2008. "한국의 대태국 투자 현황과 특성."『한태 관계의 어제와 오늘』.
　　　　한국태국학회, pp. 395-436.

＿＿＿. 2011. "한국의 동남아 경제 연구."『아시아리뷰』1-1(서울대학교
　　　　아시아연구소).

박춘태. 2007. "태국에서의 한류의 위상과 역할." 한국아시아학회 학술대회
　　　　발표논문집.

빠릿 웡타나센. 2007. "태국에서의 한류 현상." 국제언어문화학회 발표논문집.

빠릿 윙타나셴. 2010. "태국신문에 나타난 한국의 이미지."『한국태국학회논총』
17-1(한국태국학회).

서병문. 2003. "문화컨텐츠는 미래경쟁력이다." 한국콘텐츠학회
종합학술대회논문집(한국콘텐츠학회).

쎈크언 춘티차. 2010. "한국의 새마을운동과 태국의 자족경제 비교연구."
한국외국어대학교 국제지역대학원 석사 학위 논문.

시니나트 샌피락. 2011. "태국에서의 한류 현황과 영향에 대한 연구." 영남대학교
대학원 석사 학위 논문.

신근혜. 2008. "한국전쟁과 태국군 참전."『한태 관계의 어제와 오늘』. 한국태국학회,
pp. 215-248.

신윤환. 2002. "동아시아의 한류 현상 비교분석과 평가."『동아연구』42집(서강대
동아연구소).

신호창. 1999. "해외홍보 및 광고전략 수립을 위한 '95-'97 미 언론에 나타난 국가
이미지에 관한 고찰."『광고연구』제44호.

안종량. 2002. "태국의 외국인 투자 정책과 한국의 대태국 투자환경."『외대논총』
25-2(부산외국어대학교).

외교통상부. 2009.『태국개황』.

위라야 깡완엿쑥. 2012. "태국 대학생들에게 나타난 한류의 영향." 한림대학교
대학원 석사 학위 논문.

이병도. 2005. "태국의 한류 : 한국학 연구 현황."『국제지역정보』
149(한국외국어대학교 국제지역연구센터).

_____. 2006. "태국의 한류현상 : 한국학 연구를 중심으로." 쏭클라대학교
한국어교육 20주년 기념 국제학술대회 발표논문집.

이승주 외. 2006. "한국 음식과 태국 음식에 대한 국내 외국인의 소비자 의식 비교."
『한국조리과학회지』22-2호(한국조리과학회).

이운현·이화순. 2003. "한국과 태국 여대생들의 화장품 구매 행동."
『한국미용학회지』9-3호(한국미용학회).

임정관. 2003. "한국과 태국의 민주화 사례 비교연구." 서강대학교 대학원 석사 학위
논문.

정기선. 2008. "결혼이주여성의 한국이주특성과 이민생활적응."『인문사회과학연구』
20호(호남대학교 인문사회과학연구소).

정택희. 2003.『주한외국인이 바라본 한국의 대외적 이미지에 대한
조사연구보고서』. 한국교육개발원.

정환승. 2008a. "태국에서의 한류와 한국어 교육." 『동남아연구』
17-1(한국외국어대학교 동남아연구소).

_____. 2008b. "한태 대학생 상호 국가 이미지 비교분석." 『국제지역연구』
12-4(한국외국어대학교 국제지역연구센터).

조흥국. 1999. "근대 이전 한국과 동남아시아 간 접촉에 대한 역사적 고찰."
『국제지역연구』 8-1호(서울대학교 국제학연구소).

최정식. 2010. 『영원한 동반자, 한국과 태국』. 국가보훈처.

풀싸왓 위파편. 2010. "한국과 태국의 정치 변동 비교연구." 한국외국어대학교
국제지역대학원 석사 학위 논문.

최창성. 1989. "태국에서의 한국어 교육 현황과 문제점." 『외국어교육연구논집』
제5호.

_____. 2008. "한국에서의 태국어 교육과 태국에서의 한국어 교육 현황." 『한태
관계의 어제와 오늘』. 한국태국학회, pp. 491-532.

카노크완 사로즈나. 2002. "태국에서의 한국학 연구." 『인문학연구』 29권
1호(충남대학교)

티엔티다 탐즈른깃. 2000. "태국에서의 한국어 교육 방법." 『외국어교육연구』 제6집.

한국관광공사. 2001. "'한류'를 활용한 관광 마케팅 전략 보고서."

한국무역진흥공사. 2004. "태국 내 한류 현황."

한국태국학회. 2008. 『태국의 이해』. 한국외국어대학교 출판부.

한국태국학회 편. 2008. 『한태관계의 어제와 오늘』. 한국태국학회.

2. 영문 문헌

Kim Ki Tae. 2004. Workshop for Korean Language Education and Research in
Southeast Asia & Vision Group for Promotion of Korean Studies in
Southeast Asia, University of Malaya, *The National Academy of the Korean
Language & Korea-Australasia Research Center.*

Khumu Kanseuksa Burapha University 2002.(부라파대학교 일람)

Khumu Kanseuksa Prince of Songkla University 2002.(쏭클라대학교 일람)

3. 태국어 문헌

กาญจนา แก้วเทพ. 2544. การศึกษาสื่อมวลชนด้วยทฤษฎีวิพากษ์:
    แนวคิดและตัวอย่างงานวิจัย. จุฬาลงกรณ์มหาวิทยาลัย.
เกศินี วิฑูรชาติ และภาณี รูปสม. 2537. รายงานโครงการสำรวจความสนใจ
    ของคนไทยที่มีต่อสินค้าเกาหลี, [ม.ป.ท.]:โครงการเกาหลีศึกษา
    สถาบันเอเชียตะวันออกศึกษา มหาวิทยาลัยธรรมศาสตร์.
ชนินทร์ มีโภคี. 2543. 'ความสัมพันธ์เศรษฐกิจไทย-เกาหลีใต้ อดีตและ
    แนวโน้มในอนาคต'. เอเชียตะวันออกศึกษา: สถาบันเอเชีย ตะวันออกศึกษา
    มหาวิทยาลัยธรรมศาสตร์.
ดำรงค์ ฐานดี. 2543. โฉมหน้าเกาหลี ปี 2000. ทพฯเกรุง : มหาวิทยาลัยรามคำแหง.
ปรมะ สตะเวทิน. 2539. การสื่อสารมวลชนกระบวนการและทฤษฎี. กรุงเทพมหานคร :
    ภาพพิมพ์.
พรทิพย์ วรกิจโภคาทร. 2537. ภาพลักษณ์นั้นสำคัญยิ่ง: การประชาสัมพันธ์ ภาพพจน์.
    คณะวารสารศาสตร์และสื่อสารมวลชน. มหาวิทยาลัยธรรมศาสตร์. กรุงเทพฯ
    :2537.
พรไทย ศิริสาธิตกิจ. 2542. การรับรู้ข่าวสารจากหนังสือพิมพ์รายวันของ ประชาชนใน
    3 จังหวัดชายแดนภาคใต้. วิทยานิพนธ์ศิลปศาสตร
    มหาบัณฑิตสาขาวิชาภาษาไทยเพื่อการสื่อสาร มหาวิทยาลัยสงขลานครินทร์.
พาฝัน จิตสงวน. 2543. ภาพลักษณ์ตำรวจที่นำเสนอทางหนังสือพิมพ์รายวัน ภาษาไทย
    วิทยานิพนธ์ปริญญานิเทศศาสตรมหาบัณฑิต สาขาวิชานิเทศศาสตร์พัฒนาการ
    ภาควิชาการประชาสัมพันธ์ คณะนิเทศศาสตร์ จุฬาลงกรณ์มหาวิทยาลัย.
พีระ จิระโสภณ. 2529. 'ทฤษฎีการสื่อสารมวลชน' ในหลักและทฤษฎีการ สื่อสาร.
    กรุงเทพฯ:สาขานิเทศศาสตร์ มหาวิทยาลัยสุโขทัย ธรรมาธิราช.
วิเชียร อินทะสี. 2543. 'สถานะความสัมพันธ์ระหว่างไทยกับเกาหลีใต้
    และแนวโน้มในยุคที่เกาหลีทั้งสองสร้างความปรองดองระหว่างกัน'.
    เอเชียตะวันออกศึกษา สถาบันเอเชียตะวันออกศึกษา มหาวิทยาลัยธรรมศาสตร์.
วิเชียร อินทะสี. 2543. 'การเมืองเกาหลี'. เอเชียตะวันออกศึกษา. 1(มีนาคม-สิงหาคม),
    68-82.
สุนทรี โคมิน และสนิท สมัครการ. 2522. 'ค่านิยมและระบบค่านิยมไทย :
    เครื่องมือในการสำรวจวัด'. สำนักวิจัยสถาบันบัณฑิตพัฒนบริหารศาสตร์.
สุพัตรา สุภาพ. 2536. สังคมและวัฒนธรรมไทย ค่านิยม ครอบครัว ศาสนา ประเพณี.

กรุงเทพมหานคร : ไทยวัฒนาพานิช.

สุรางค์ศรี ต้นเสียงสม 2550. ความสัมพันธ์ระหว่างประเทศไทยกับสาธารณรัฐเกาหลี
ค.ศ.1949 – 1999. กรุงเทพฯ : จุฬาลงกรณ์มหาวิทยาลัย.

ข้อมูลการค้นหาทางอินเทอร์เนต

วิกิพีเดีย. 2555. 'สงครามเกาหลี'. (ออนไลน์). เข้าถึงได้จาก
http://th.wikipedia.org/wiki) วันที่ค้นข้อมูล : 9 มกราคม 2555).)

ประพิณ ชัชวาลพงพันธ์. 2006. 'Hallyu' : South Korea rides the wave.
เนชั่น.กรุงเทพฯ : เนชั่น.

ปริศ วงศ์ธนเสน. 2551. 'การแพร่กระจายของเกาหลีในประเทศไทย'.
บทความวิจัยนำเสนอการ สัมมนานานาชาติ Bangkok International
Conference for the 50th Anniversary of Korea-Thailand Diplomatic
Relations ณ โรงแรมเรดิสัน กรุงเทพมหานคร. หน้า 565-574.

_____. 2552. ถิ่นฐานของเกาหลีในประเทศไทยอัตลักษณ์การตั้ง บทความวิจัย
นำเสนอการสัมมนานานาชาติ 'Korean–Thai Relationships: The Golden
Glory of the Future from Past Cooperation' ณ
มหาวิทยาลัยราชภัฏเชียงใหม่. หน้า 1-20.

วรพล พรหมิกบุตร และ จิตราพันธ์ พฤกษ์ศิริ. 2547. วัฒนธรรมไทย-เกาหลี. กรุงเทพฯ :
เอเชียตะวันออกศึกษา มหาวิทยาลัยธรรมศาสตร์.